INHALT

Einleitung

Darf Gottesdienst eigentlich Spaß machen?

»Darf Gottesdienst eigentlich Spaß machen?«, fragte mich eine junge Frau, die nicht gerade so aussah, als gehörte sie zu den Insidern der Gemeinde. »Selbstverständlich, Gottesdienst ist eine fröhliche Sache, wir feiern schließlich Gottes Gegenwart«, gab ich ihr zur Antwort. Ihre Miene verriet, dass mein frommer Spruch sie keineswegs überzeugte. Sie hatte gerade einen Gottesdienst miterlebt, der zwar inhaltlich akzeptabel war, sie aber offensichtlich nicht angesprochen hatte, weder menschlich noch geistlich.

»Warum muss man eigentlich sechzig Minuten auf einer Hartholzbank mit rechtwinkliger Zuordnung von Sitz und Lehne aushalten, um etwas von Gott zu erfahren?«, fragt mich ein anderer. »Kein Kino, kein Theater würde seinen Gästen ein solches Martermöbel und dazu noch ein langweiliges Programm zumuten!« Ein unerhörter Vergleich, oder? Gottesdienst will doch nicht unterhalten. Es geht doch um Leben und Tod und überhaupt, das »Wort vom Kreuz« ist doch nicht bequem!

»Welches Gedicht haben die vorhin aufgesagt? Muss man das auswendig lernen, wenn man zu Ihnen in den Gottesdienst kommen möchte?« Der junge Mann fühlte sich beim Sprechchor des Glaubensbekenntnisses als nicht dazugehörig. Auch das wie von unsichtbarer Hand dirigierte Aufsteh- und Hinsetzritual war ihm fremd. Er kannte offensichtlich nicht die Spielregeln.

»Findest du die Blaskapelle wirklich so toll, dass du immer wieder in den Gottesdienst gehst?« Ich erkläre den Unterschied zwischen Posaunenchor und Blaskapelle und beruhige ihn, dass die Orgel hin und wieder mal durch Keyboard und Gitarre ersetzt wird, aber irgendwie wirke ich nicht überzeugend. Wie auch, ich bin ja selbst nicht ganz überzeugt davon.

»Warum ist die Kirche nach achtundfünfzig Minuten wie leer gefegt, obwohl kein Feueralarm gegeben wurde?«

Darf man so frech fragen? Ich meine ja. Diese unbequemen Fragen bringen uns auf die Spur dieses Impulsbuches. Wie empfindet der glaubensdistanzierte Mensch unsere evangelistischen Veranstaltungen und unsere Gottesdienste? Zur Christvesper, zum Familien-Gottesdienst oder bei einer ProChrist-Veranstaltung mühen wir uns um zeitgemäße Moderation, Musik und Verkündigung. Die Werbung ist originell, die Dekoration der Bühne zeugt von Kreativität und Geschmack und das Kirchencafé lädt zum Verweilen ein. Aber am »siebzehnten Sonntag nach Trinitatis« ist alles wieder auf dem Niveau von vorgestern. Kennen Sie das?

Wenn Sie an diesem Zustand leiden und trotz allem noch Lust haben, neue Wege auszuprobieren, dann sind Sie mit diesem Material-Buch gut bedient.

Warum will in der Kirche keiner in die erste Reihe?

Mit lieblosen Gottesdiensten kann man nicht Gottes Liebe feiern. Wenn Jesus Menschen verändert, dann müssen unsere Gottesdienste dies erfahrbar machen. Wenn Evangelium frohe Botschaft ist, dann kann der Gottesdienst nicht zu einem zähen Ritual verkommen.

Da steht einer im Gottesdienst auf und erzählt, wie Jesus sein Leben verändert hat. Man nannte das früher »Zeugnis ablegen«. Menschen erzählen, was sie mit Gott erlebt haben, nicht nur, was sie theoretisch erkannt haben. Solche Erfahrungsberichte sind weitgehend einer ordentlichen Liturgie gewichen. Man bekennt den Glauben eher im Gleichtakt eines Sprechchores. Alle wissen, wann sie dran sind, keiner steht im verkehrten Moment auf. Keiner redet dazwischen, keiner ruft Bravo!, Halleluja! oder Amen! Wenn Amen, dann immer nur im Chor. Fällt vor der Abendmahlsfeier nach einem Wort der Versöhnung einer dem anderen um den Hals aus purer Freude an Jesus und der Gemeinschaft, gucken alle betreten nach unten. Der Glaube soll gefälligst im Kopf bleiben.

Und doch beschleicht uns die Sorge, dass uns etwas verloren gegangen ist: Gottesdienst als emotionales und spirituelles Erlebnis der Größe Gottes! Wir kennen doch diese staubtrockenen Veranstaltungen, wo alles so trostlos richtig ist, aber kaum ein Gemeindeglied oder gar ein Gast vom Stuhl gerissen wird.

Beobachten Sie einmal sonntags die Gottesdienst-Besucher von hinten. Passiert es noch, dass Menschen die Hälse recken, aufstehen, sich Sicht verschaffen, nur aus Sorge, sie könnten vorne irgendetwas nicht mitbekommen? Warum dieses Hälse-Strecken nur am Heiligen Abend, wenn der Kindergottesdienst das Krippen-Spiel aufführt? Wenn keiner mehr vorn sitzen will, dann ist etwas faul. Warum wollen sonst die Menschen immer die besten Plätze, nur in der Kirche nicht? Manchmal setzen sich Besucher sogar hinter dicke Säulen, weil sie nicht erwarten, durch irgendetwas überrascht zu werden. Manche setzen sich auch nach hinten, weil sie vorn nicht wissen, wo sie hinschauen sollen, wenn es für sie peinlich wird.

Gottesdienst als Ereignis oder »The same procedure as every year«?

Wir hungern doch alle nach Erfahrungen mit Jesus - endlich raus aus der Mittelmäßigkeit einer öden Frömmigkeit! Wenn nur durchschnittlich fünf Prozent der Mitglieder der evangelischen Landeskirchen mehr oder weniger aktiv am Leben und Dienst der Kirche teilnehmen, dann bedeutet dies zunächst nicht Protest gegen das Evangelium, sondern vielmehr gegen geprägte Frömmigkeitsformen, die den Weg zum Glauben und zur Gemeinde geradezu versperren. Schlecht besuchte Gottesdienste sind nicht nur das Ergebnis zunehmender Gottlosigkeit, sondern auch ein Beweis für die Erlebnislosigkeit vieler Gemeinden, die darin zum Ausdruck kommt, dass sie weithin keine veränderten Menschen mehr vorzuweisen hat. Es bleibt so vieles beim Alten. Die Predigten haben so wenig mit der Alltagswelt der Menschen zu tun, die Musik klingt meist wie von vorgestern und das liturgische Ritual bleibt fremd. So fragt einer der Autoren dieses Buches, Ludwig Burgdörfer: »Wie biblisch, wie neutestamentlich fundiert handeln wir dabei eigentlich? Gibt uns die Gottesdienstpraxis der Urgemeinde das Recht, den Gottesdienst als zunehmend antiquarisch wertvolles Relikt zu zelebrieren, oder nimmt sie uns sogar in die Pflicht, zu neuen Ufern aufzubrechen?«

Ich befürchte, wir sind mit unseren traditionellen Gottesdienst-Formen kaum auf die Herausforderungen einer sogenannten Erlebnisgesellschaft eingestellt. Wir sollten aufhören, diese Trends zu bekämpfen. Nehmen wir sie lieber wahr und stellen uns ihren äußerst interessanten Herausforderungen.

In Apostelgeschichte 2 lernen wir, dass vor der Proklamation des Evangeliums und der Ausgießung des Heiligen Geistes ein Aufsehen erregendes Ereignis stattfand. Emil Brunner dazu in *Das Missverständnis der Kirche:* »Die Anziehung der Draußenstehenden geschah – das zeigt uns schon die Pfingstgeschichte sehr deutlich – nicht zuerst durch das, was gesagt wurde, sondern durch das Unbegreifliche, was da einfach geschah. In der Genesis des Gläubigwerdens spielt der Eindruck vom Leben der Gläubigen eine entscheidende Rolle. Man nähert sich der Gemeinde, weil man von ihrer Kraft angezogen wird. Man möchte teilhaben an dieser Kraft, an diesem Leben, man gerät in das Kraftfeld des Geistes, noch ehe man ein Wort von dem vernommen hat, was dahinter steht als seine heimliche, transzendent-immanente Ursache ...«

Natürlich geht es nicht um eine Wiederholung des Urereignisses der Gemeinde. Der Glaube kommt aus dem Hören auf das Wort, nicht aus dem Schauen auf ein Ereignis. Und doch braucht das Wort offensichtlich vorlaufende und aufwärmende Ereignisse, die die Menschen überhaupt in den Wirkungsbereich des Wortes holen. Und da genau setzt unsere Verantwortung in Gemeinde und Evangelisation ein. Die Mitarbeiter dieses Buches wollen eine Gestalt von Gemeinde verwirklichen, in der Gemeinschaft ein zentrales Erlebnis darstellt. Wenn nur der eigene oder der angereiste Profi auf der Kanzel richtiges Evangelium zum Besten gibt, ohne dass die Gemeinde einen leibhaftigen Ausdruck des Evangeliums widerspiegelt und den Glauben erlebbar macht, werden wir nur wenige Zeitgenossen für den Glauben interessieren. Wir brauchen wieder Gottesdienste, in denen die Gemeinschaft mit Jesus konkret erlebt wird. Dieses Buch gibt Anlass, unsere gewohnten Gottesdienst-Programme auf ihre missionarische Tauglichkeit hin zu überprüfen. Von Christus veränderte Menschen sind wichtiger als glatte Rhetorik und ausgefeilte Argumente, obwohl ich beides für sehr wichtig halte. Evangelisationen und missionarische Gottesdienste sollten wieder mehr von natürlicher Freude und Begeisterung an Jesus geprägt sein.

Das ist es, was die hier vorliegenden Gottesdienst-Entwürfe ausmachen: authentisch, in Sprache und Form auf der Höhe unserer Zeit, teamorientiert und herzerfrischend kreativ. Von der Thomasmesse in Niedersachsen bis zum Stop-and-go-Gottesdienst in der Pfalz, vom Gästegottesdienst in der Landeskirchlichen Gemeinschaft München bis zum reichlich unkonventionellen Nachmittagsgottesdienst in der Oase in Giengen. Programme jenseits aller Kirchengrenzen, Hauptsache frisch, echt und in der Sprache der Eingeladenen. Ob landeskirchlich, freikirchlich oder pietistisch - alle Entwürfe haben nur ein Ziel: In kirchendistanzierten Menschen eine Sehnsucht nach Begegnungen mit Gott zu wecken und Ideen für die praktische Gestaltung von Gottesdiensten anzubieten, die eine möglichst niedrige Einstiegsschwelle haben.

Muss es denn immer etwas Neues sein?

Nein, muss nicht. Aber wir müssen die Prioritäten unserer Qualitätskriterien überprüfen:

1. Was entspricht Gott und seinem Wort? (Gastgeber)
2. Was entspricht den Menschen, die wir für Christus und unsere Gemeinde gewinnen wollen? (Gäste)
3. Was entspricht uns als Gemeinde? (Diener)

Die Reihenfolge ist eine Wertfolge! Wir stellen unsere Bedürfnisse hintenan, weil es uns um unsere Freunde und Nachbarn geht. Es wird nicht die Musik gespielt, die wir schon seit dreißig Jahren lieben, sondern die, die unseren Gästen und ihrem Geschmack entspricht.

Ist das noch Gottesdienst?

So höre ich schon besorgte Pastoren fragen. Wenn wir uns darauf einigen, dass am Evangelium keine zeitgeistbedingten Abstriche gemacht werden und wir über neue Formen und Kommunikationsstile sprechen und nicht über einen neuen Inhalt, dann stellt sich die Frage nicht. Gottesdienst geschieht, wo Gott seiner Gemeinde dient und sie ihm. Das uralte Evangelium sucht sich immer wieder neue Formen, um zu den Menschen zu gelangen. Kai Scheunemann, Verfasser lesenswerter Bücher zu unserem Thema, spricht sogar von »Credotainment«, also von »geistlicher Unterhaltung«.

Oder ist Gottesdienst allein schon darum Gottesdienst, weil die Liturgie perfekt absolviert wurde, während die Predigt und die Musik einfach nur zum Gähnen waren?

Überlassen wir die Frage dem Heiligen Geist und den Menschen, die durch neue Gottesdienst-Formen vom alten Evangelium und damit von der Liebe Gottes eingeholt wurden. Im Übrigen sind diese Entwürfe als ergänzendes Angebot zum tradionellen Gottesdienst gedacht. Die neuen Gottesdienste wollen nicht die alten ablösen. Wer das Bewährte radikal aufgibt, wird auch das Neue schnell aufgeben.

Qualitätsmerkmale eines Offenen Gottesdienstes

1. Freundliche Begrüßung am Eingang. Man bekommt ein Programm in die Hand gedrückt. Der eventuelle Wunsch nach Anonymität wird gewahrt.
2. Nette Gemeindeglieder, die herzlich und humorvoll miteinander umgehen. Man hat sich vor dem Gottesdienst etwas zu erzählen. Das schafft Gemeinschaft und nimmt den neuen Besuchern die Scheu und die Unsicherheit. Die Gläubigen spiegeln das Wesen Jesu in der Gemeinde wider, sie prägen als die Erlösten des Herrn die Atmosphäre der Gemeinde.
3. Musik, die Ängste abbaut, innerlich auftaut, abholt und zur Predigt führt. Viele der Kirche entfremdete Menschen können sich noch an langweilige und müde Kirchengesänge erinnern und sind durch neue Lieder im Gottesdienst einfach überrascht. Viele Gäste in jungen Gemeinden sind in der ersten Zeit nur wegen der »anderen« Musik gekommen. Alte Choräle oder Erweckungslieder müssen gut kommentiert werden, besonders wenn die Texte militanter (»Heilig, Herr der Kriegesheere«) oder salbungsvoller (»Mit offenem Herzen stehen wir vor dir!«) Sprache sind.
4. Männer und Frauen sind in gleicher Weise an der Gestaltung beteiligt, jeder gemäß seinen Gaben. (Um der besseren Lesbarkeit willen verzichten wir in diesem Buch darauf, bei den Mitarbeitern jeweils die männliche und weibliche Form zu nennen.)
5. Eine sensible, liebevolle und schnörkellose Moderation oder Liturgie, die zur Stille leitet und die einzelnen Programmpunkte zu einem Stück «verwebt«. Eine gekonnte Hinführung zur Predigt, ohne »Kanaanismen«, ist von großer Bedeutung und erleichtert dem Prediger den Einstieg.

6. Eine kurze, biblisch fundierte Predigt, die etwas mit dem Leben der Gottesdienst-Besucher zu tun hat. Beispiele, Bilder, Theaterszenen und Lebensberichte von Gemeindegliedern helfen Besuchern, die Botschaft wahrzunehmen. Ein Predigt-Nachgespräch bietet Gelegenheit für Rückfragen an den Prediger und die Mitarbeiter.
7. Gemeindecafé, gemeinsames Mittagessen (oder Abendessen), persönliche Einladungen, Hinweise auf Veranstaltungen im Laufe der Woche lassen den Gottesdienst persönlich ausklingen. Keiner muss sich anonym hinausschleichen, aber er darf.

Nun genug der Vorrede. Ich lade Sie ein zu einem Streifzug durch die Gottesdienst-Werkstatt. Nicht jeder Entwurf wird zu Ihrer Gemeinde und zu Ihrer Zielgruppe passen. Darum wählen Sie aus, infizieren Sie eine Hand voll Freunde, die sich an den Verheißungen Gottes orientieren statt an rückläufigen Zahlen, und fangen Sie an oder arbeiten Sie mit den vorgestellten Ideen so kreativ weiter!

Marburg, im Sommer 1998 Jürgen Mette

1. Gnadenloser Umgang?

Thema:
Jesus durchbricht den zerstörerischen Kreislauf der Gnadenlosigkeit im Umgang von Menschen

Bibeltext:
Jesus durchbricht den gnadenlosen Umgang, indem er die Ehebrecherin nicht verurteilt: Johannes 8,2-11

Vorbereitung/Materialien:
- So viele Steine wie Gottesdienst-Besucher (Pkt. 13)
- CD der »Dreigroschenoper« von Kurt Weill/Bert Brecht

Mitarbeiter:
- 2 Moderatoren
- Prediger
- Jugendliche zur Begrüßung an der Tür
- Jugendliche zum Liederbücher-Verteilen und Kollekteeinsammeln
- Mitarbeiter für Gespräche (Button »Ganz Ohr«)

1. Vortragslied

»Angekommen« (siehe hierzu S. 15)

2. Begrüßung, Einführung

Wir freuen uns, dass ihr heute Abend hier angekommen seid. Es ist nicht wie auf dem Hauptbahnhof, wo man gleich wieder weiter muss und will, wo es laut und dreckig ist, sondern eher so wie nach Hause zu kommen, wo man sich geborgen fühlt und es deshalb auch wagen kann, sich selbst, anderen und Gott offen zu begegnen.

So feiern wir diesen Gottesdienst im Namen des Vaters, des Sohnes und des Heiligen Geistes. Amen.

Das Thema des heutigen Gottesdienstes heißt: *»Gnadenloser Umgang?«*

Martin Luther suchte viele Jahre seines Lebens nach einem gnädigen Gott; heute sind wir oft auf der Suche nach einem gnädigen Mitmenschen. Jemand, der uns nicht ausnutzt, um selber besser dazustehen, der unsere Fehler nicht benutzt, um für sich Pluspunkte beim Chef zu sammeln. Jemand, der unsere Versäumnisse nicht als Möglichkeit gebraucht, uns ohne Chance auf Nachbesserung zu beschimpfen.

Auf der Suche nach Menschen, die vergeben können und uns helfen, aus unseren Fehlern zu lernen und unsere Schwächen zu überwinden.

3. Lieder

»Herzen, die kalt sind wie Hartgeld« (aus: Lebenslieder - LL 95)

»Steht auf und lobt unsern Gott« (aus: Ich will dir danken - Iwdd)

»Ich trau auf dich, o Herr« (aus: LL 142)

4. Psalm

Dazwischen Psalm 103 (Peter Spangenberg, aus: Höre meine Stimme, siehe Literatur S. 121)

Angekommen

Text/Musik: Gerold Vorländer 1996

2. Angekommen! Bist du mit dem Herzen da?
Angekommen! Ahnst du: Gott ist dir ganz nah?
Angekommen! Lege ab, was dich beschwert:
Gott hat dich schon längst gehört.

3. Angekommen! Atme auf und laß dich gehn!
Angekommen! Darfst in neuem Licht dich sehn.
Angekommen! Hier bekommt das Leben Raum.
Hoffnung ist nicht nur ein Traum.

4. Angekommen! Sieh, du bist hier nicht allein.
Angekommen! Laß dich auf Begegnung ein.
Angekommen! Und hier wird man dich verstehn.
Sollst gestärkt dann weitergehn.

5. Lied

»Trommle, mein Herz, für das Leben« (aus: Gerhard Schöne, Ich muss singen - Ims)

6. Hinführung zum Thema

»Erst kommt das Essen, dann kommt die Moral.« So beschreibt Bert Brecht den Umgang der Menschen miteinander, wie er es in den dreißiger Jahren erlebt hat. Eine Zeit, die unserer gar nicht so unähnlich war: Wiederaufbau und Wirtschaftswunder sind vorbei. Arbeitslosigkeit, Kürzungen im Sozialhaushalt, Staatsverschuldung, Sparpakete bedrohen den Lebensstandard jedes Einzelnen. Sozialer Abstieg, Verarmung sind Schicksale, die jeden treffen können.

Bleibt da denn noch eine andere Möglichkeit, wenn man selbst überleben will, als gnadenloser Umgang?

7. Musik

Aus der »Dreigroschenoper« einspielen:

»Die Moritat von Mecki Messer«
»Wovon lebt der Mensch?«
»Verkehrtes Publikum«
Die Schlussstrophen der »Moritat«

8. Predigt

Diese Begnadigung Mecki Messers in der Dreigroschenoper von Bert Brecht und Kurt Weill hat ja etwas Schales an sich: »Damit ihr wenigstens in der Oper seht, wie einmal Gnade vor Recht ergeht.« Bewusst künstlich und unecht hat Brecht dieses Happy End konzipiert. So wird die fast zynische Beschreibung der gnadenlosen

Wirklichkeit eher noch verschärft: »Denn in der ganzen Christenheit, da wird dem Menschen nichts geschenkt.« – »Die reitenden Boten des Königs kommen sehr selten, und die getreten werden, treten wieder . . .«

Das ist gnadenloser Umgang. Ich könnte jetzt mühelos die ganze Zeit, die mir für die Predigt zur Verfügung steht, Beispiele erzählen, wo ich selbst so etwas erlebt oder beobachtet oder aus erster Hand davon erzählt bekommen habe. Gnadenloser Umgang miteinander – das findet sich zwischen Kollegen oder Chefs und Mitarbeitern, das prägt oft das Verhältnis zwischen Lehrern und Schülern (und umgekehrt), zwischen Eltern und Kindern, das erlebe ich im Sportverein und manchmal auch in der Gemeinde, das prägt das Verhalten auf der Straße, erst recht, wenn man in einer Blechrüstung mit Motor steckt.

Gnade ist ein Wort, das nicht in unsere Zeit passt, es hört sich irgendwie altertümlich an. Was uns bleibt, ist eben die Kehrseite: Gnadenlosigkeit. Das ist die Zuspitzung von Lieblosigkeit. So wie Gnade eine Gestalt von Liebe ist.

Gnade sieht den Fehler des anderen und hilft ihm, daraus zu lernen.

Gnadenlosigkeit wirft dem anderen seine Fehler vor und macht ihn runter.

Gnade greift dem anderen unter die Arme, wenn er Schwächen zeigt.

Gnadenlosigkeit nützt die Schwäche schamlos aus, nach dem Motto: »Selbst schuld.«

Gnade vergibt, wo der andere schuldig geworden ist, und ist nicht nachtragend.

Gnadenlosigkeit rechnet Schuld vor und kramt dazu noch alte Geschichten heraus, um zu zeigen, wie unmöglich der andere ist.
Gnade fragt nach dem, was dem anderen zurechthilft.

Gnadenlosigkeit sucht nach dem, was den anderen fertig macht.

Die Schwierigkeit, in der wir stecken, ist, dass Gnadenlosigkeit wie ein Virus ist, wie eine ansteckende Krankheit, die sich rasend ausbreitet, wenn sich Menschen nicht bewusst dagegen stemmen. Wie heißt es in der »Dreigroschenoper«: »Die reitenden Boten des Königs kommen sehr selten, und die getreten werden, treten wieder . . .«

Oder in einem Lied von Udo Lindenberg: »Vom Opfer zum Täter ist nur ein kleiner Schritt.«

So muss man immer fragen: Warum verhält sich ein Mensch so gnadenlos? Was hat ihn zu so einem Menschen gemacht? Was haben zum Beispiel rechtsradikale Jugendliche, die Obdachlose überfallen, wohl schon für Erfahrungen gemacht?

Eine mit moralischem Anspruch vorgetragene gnadenlose Verfolgung der Gnadenlosigkeit hilft auch nicht wirklich weiter. Es müssten erst einmal Erfahrungen mit Gnade gemacht werden, um den zerstörerischen Kreislauf zu durchbrechen.

Die Bibel erzählt eine Begebenheit, in der Jesus so einen gnadenlosen Kreislauf durchbrochen hat. Dabei hat er gezeigt, wie der lebendige Gott selbst zu uns steht und mit uns umgeht.

Es ist die Geschichte von der Nicht-Steinigung der Ehebrecherin: *(Johannes 8,2-11 lesen.)*

Seht, so ist Gott. So durchbricht er unsere selbstzerstörerischen Verhaltensweisen. Selbst wenn wir mit ziemlich verdrehten Motiven zu ihm kommen, wie die Ankläger damals zu Jesus, nur um ihn reinzulegen, kann er noch etwas Gutes daraus machen. Nicht, weil wir es uns verdient hätten. Sondern weil er die Gnade in Person ist.

Ob wir wohl bereit sind, daraus zu lernen? Gottes verändernde Gnade an uns heranzulassen? Uns selbst gegenüber gnädiger zu werden? Und geben wir uns dann daran, mit Gottes Hilfe und nach unseren Kräften und Möglichkeiten den Kreislauf der Gnadenlosigkeit hier und da zu unterbrechen und wenigstens einige Lichtfunken der Gnade in die Schatten der Welt zu bringen?

Was würde uns das gut tun! Und denen, die uns begegnen.

9. Vortragslied

»Gnade für die Welt« (aus: LL)

10. Lied

»Tragt die Last« (aus: Geh den Weg nicht allein – Gdw)

11. Hinführung zum Gebetsteil

Zu Gott dürfen wir kommen, wie wir sind: Mit unseren Gedanken, mit unseren Gefühlen. Vor ihm brauchen wir uns nicht zu verstecken; er nutzt unsere Schwächen nicht aus.

Ihr habt sicher schon die Steinhaufen hier im Saal gesehen. Nach dem nächsten Lied besteht die Möglichkeit, Gott in der Stille all das zu sagen, was beschäftigt, bedrückt, erschreckt. Und für jeden, der möchte: einen Stein zu nehmen und auf den Altar unter das Kreuz zu legen.

Der Stein als Zeichen für die Steine, mit denen andere Menschen uns beworfen haben, als wir sowieso schon innerlich am Boden lagen. Wo wir gnadenlos behandelt wurden, von Kollegen, Vorgesetzten, Freunden und in der Familie.

Der Stein als Zeichen für die Steine, die ich selbst in der Hand gehabt habe, die ich auf die geworfen habe, die sowieso schon innerlich am Boden lagen. Auf meine Kollegen, meinen Chef, meine Untergebenen, meine Freunde, meine Eltern, meine Kinder, meinen Mann, meine Frau.

Der Stein als Zeichen für alle anderen Lasten, die ich mit mir herumtrage: Traurigkeit, Einsamkeit, Angst, Zorn, Schuld, Sorge, Verletzungen.

12. Lied

»Aus den Schatten der Welt« (aus: GdW)

13. Stille/Aktion

Die Steine unter dem Kreuz abladen: Unsere Schuld, unsere eigenen Verletzungen . . .

Die Steine auf den Altar legen: Unsere Lieblingssünde, unsere Selbstsucht . . .

Wir sind frei! Gott wendet sich uns liebevoll zu. Unsere Schuld tritt er unter seine Füße, unsere Sünden wirft er in die Tiefen des Meeres.

14. Lied

Refrain »Aus den Schatten der Welt«

15. Ansagen

16. Kollekte mit Lied

»Herr, das Licht deiner Liebe« (aus: Ich will dir danken - Iwdd)

17. Fürbittengebet

Herr, wir bitten dich für die Menschen, die aus Angst um ihre eigene Zukunft andere gnadenlos behandeln. Nimm ihnen die Sorge, weil du uns versorgst, und lass sie begreifen, dass sie nur von deiner Gnade leben.

Herr, wir bitten dich für die Mächtigen unserer Welt, schenke, dass sie ihre Macht nicht zum eigenen Vorteil missbrauchen, sondern zum Nutzen für die einsetzen, die ihnen anvertraut sind. *(Evtl. konkrete Regierung o.ä. nennen.)*

Herr, wir bitten dich für alle Menschen, die von anderen gnadenlos behandelt werden, heile du ihre Wunden und schenke ihnen das Wissen, dass du ihre Schwächen niemals ausnutzen wirst. *(Evtl. aktuelle Situation vor Gott bringen.)* Amen.

18. Lied

Vaterunser-Lied

19. Segen

20. Musik

(Gerold Vorländer, Conny und Willy Esser)

Zum Hintergrund

Die Wurzeln für unsere »Abendgottesdienste« in der evangelischen Kirchengemeinde Köln-Stammheim sind der Gottesdienst für Suchende (»Seeker Service« Bill Hybels/Willow Creek), die Lobpreis-Gottesdienste von anglikanischen und baptistischen Gemeinden in England und die Thomasmesse aus der lutherischen Kirche in Finnland. Die Abendgottesdienste finden jeweils am letzten Sonntag im Monat ab 19 Uhr statt.

Vorbereitet und durchgeführt werden die Abendgottesdienste ähnlich wie viele andere Gottesdienste in diesem Buch von

- einem Zweierteam für Moderation, Gebete, thematischen Einstieg, Meditation (wir haben zur Zeit fünf solcher Teams, überwiegend junge Ehepaare, die sich abwechseln),
- dem Pfarrer (im Oktober, Dezember und März vom Vikar), der mit den »Moderatoren« oder »Liturgen« die inhaltliche Gestaltung abspricht, selbst aber nur die Zwölf-Minuten-Predigt zu halten hat,
- der eigens dafür gegründeten Musikgruppe (sieben junge Erwachsene; zum Teil vierstimmiger Gesang, Klavier/Keyboard, E-Bass, Gitarre, Percussion, Querflöte), die zu einem großen Teil Lieder aus der finnischen Thomasmesse in deutscher Version, die wir hier erarbeiten, spielt und bis auf ein oder zwei Vortragsstücke immer die Gemeinde beteiligt (OHP-Folien) und

- einer jeweils neu zusammengesetzten kleinen Gruppe für Theaterszenen, Pantomime und ähnliches, wobei das Material zum Teil von den Moderatoren, zum Teil von mir geschrieben oder ausgesucht oder nach der thematischen Vorgabe selbst erarbeitet wird.
- Außerdem gibt es immer einige in Seelsorge geschulte Ehrenamtliche, die sich mit dem Button »ganz Ohr« sichtbar zu Gesprächen bereithalten. Begrüßung am Eingang, Liederbücher-Verteilen und Kollektieren wird von Jugendlichen übernommen.

Die Struktur bleibt im Wesentlichen gleich, wird aber je nach dem anstehenden Thema oder der Auswertung von Erfahrungen immer wieder überarbeitet.

Auffälligstes Merkmal ist der hohe Anteil an Musik (etwa ein Dutzend Lieder) und die Art der Musik zwischen Lobpreis, Thematischem und Meditativem (u.a. aus Taizé), mal fetzig, aber auch A-cappella-Gesang, und die meist sehr lockere Atmosphäre. Wo möglich, wird zum thematischen Einstieg auch ein Lied aus der säkularen Musikszene eingesetzt.

Der thematische Einstieg versucht, meistens in humorvoller Weise, das Thema anzureißen und zum Schmunzeln und Nachdenken anzuregen. Dabei bleibt in der Regel die »Lösung« offen. Dazu ist dann die Predigt da.

Die Verkündigung ist lebensnah und zielt auf Menschen, die auf der Suche sind. Dabei gibt es zunächst eine oft persönliche Anknüpfung an Alltagserlebnisse, die mit dem Thema zusammenhängen. Die kurze Auslegung eines Bibelwortes hat in der Regel das Ziel, Gottes Wort als hilfreiche Wegweisung zum Leben zu zeigen und dadurch zugleich zum Glauben einzuladen und konkrete Hilfestellungen für die angeschnittenen Alltagsfragen zu geben.

Oft gibt es ein Element nach der Predigt, wo die Teilnehmer die Gelegenheit haben, eigene Gedanken aufzuschreiben, Gebete zu formulieren oder über vorgeschlagene Fragen weiter nachzudenken und zu meditieren. Das heißt eine mehrere Minuten dauernde Zeit der Stille gehört fast immer dazu. Hier gibt es viele Möglichkeiten der Gestaltung: mit Kerzen, einer Gebetswand, einer Klagemauer, einer Spruchkarte zum Mitnehmen und Vervollständigen usw.

Alle zwei bis drei Monate machen alle, die irgendwie an den Abendgottesdiensten mitwirken, eine Auswertung, bei der in der Regel auch Themen und Mitwirkung für die folgenden Gottesdienste festgelegt werden.

Gerold Vorländer

2. Wenn alles schief geht

Thema:
Umgang mit Enttäuschungen und Frustrationen

Bibeltext:
Im Vertrauen zu Gott sich die eigene Schwäche eingestehen und neue Schritte gehen: Psalm 27

Vorbereitung/Materialien:
- Klappe für Filmschnitt
- Kaffeetisch mit Decke
- Frühstücksgeschirr, Frühstück mit Kaffee, Tablett
- Radiorecorder, Cassette mit Frühsendung, Zeitansage u.ä.
- Hemd, T-Shirt, Jacke
- Fahrrad
- Blumen in der Vase, Zeitung, Zettel, Brief im Umschlag
- Dia: Baum (Pkt. 15)

Mitarbeiter:
- 2 Moderatoren
- Mann
- Frau
- Prediger
- 4 Sprecher (Pkt. 20 und 22)
- Jugendliche zur Begrüßung an der Tür
- Jugendliche zum Liederbücher-Verteilen und Kollekteeinsammeln
- Mitarbeiter für Gespräche (Button »Ganz Ohr«)

1. Vortragslied

»Angekommen« (von S. 15)

2. Begrüßung, Einführung

3. Eingangsgebet

Herr Jesus Christus,
hier *sind wir;*
müde von der letzten Woche,
bewegt von Freude und Ärger,
aber auch voller Erwartungen und
mit vollem Terminkalender für die
beginnende Woche.

Herr Jesus,
nimm von uns alles Belastende
und öffne uns für dein Wort.
Rede du, Herr, mit uns in diesem Gottesdienst
und lass uns deine Nähe spüren.
Herr, hilf mir und uns, auf dich zu hören.
Amen.

4. Lied

»Wir sind hier zusammen in Jesu Namen« (aus: LL)

»Wir versammeln uns zu dir« (aus: LL)

5. Musik

»Aus den Schatten der Welt« (aus: GdW) – leise, dazwischen:

6. Psalmgebet

Psalm 27 (nach Peter Spangenberg, Der Stein der tanzenden Fische)

Da kann kommen, was will.
Der Herr ist mein Licht.
Herr Gott, du machst das Dunkel hell;
lieber Gott, du machst kranke Herzen heil;
warum sollte ich Angst haben vor dem Leben?
Lieber Gott, du hältst mir den Rücken frei;
warum sollte ich am Leben verzweifeln?
Da kann kommen, was will.

Da kann kommen, wer will.
Ich weiß einfach nur,
dass ich mich auf Gott verlassen kann.
Wo du bist, Herr, da ist Leben.
Dein Trost und deine Treue sind groß.
Amen.

7. Hinführung zum Thema

Die Schatten der Welt, die Schatten des Lebens. *Wenn alles schief geht ...* So heißt das Thema des heutigen Gottesdienstes.

Ich denke, Sie kennen alle solche Gefühle, die zu nichts gut zu sein scheinen. Alles geht schief. Nichts hat Bestand. Niemand scheint mich zu verstehen. Niemand liebt mich. Niemand tröstet mich.

Wir wollen in diesem Gottesdienst gemeinsam die kleinen und großen Katastrophen unseres alltäglichen Lebens unter verschiedenen Aspekten anschauen und Sie gleichzeitig einladen, die aufgezeigten Auswege persönlich in Ihrem Alltag auf Richtigkeit und Tragfähigkeit zu überprüfen. Das Ergebnis unserer eigenen Prüfung ist positiv ausgefallen.

8. Musik

9. Theaterstück

»Heute geht aber alles schief«

Klappe für Filmschnitt

Szene I
»Sie« sitzt am Tisch, schneidet Brötchen o.ä., Radio läuft (Zeitansage).

Sie: Beeil' dich, es ist schon fünf nach sieben.
Er: *(kommt eilig in die Küche – aus der Sakristei –, knöpft sich gerade noch das Hemd zu, murmelt:)* Zu dumm, dass die Werkstatt den Wagen noch nicht fertig hat . . . Hoffentlich kommt heute endlich eine positive Antwort auf meine Bewerbungen. *(gießt sich Kaffee ein, Deckel fällt in die Tasse. Es platscht und gibt Flecken.)* Auch das noch! Jetzt noch umziehen! *(flitzt in die Sakristei, wechselt Hemd)*
Sie: Schnell, du verpasst sonst den Bus!
Er: *(kommt wieder zum Tisch)* Ach was, den Bus, ich nehm' das Rad. *(holt das Rad hinter der Leinwand hervor)*
Sie: *(murmelt)* Ob das in Ordnung ist?
Er: So, dann tschüss. *(will fahren, bemerkt Platten)* So ein . . ., jetzt muss ich doch den Bus nehmen *(läuft raus).*
Sie: *(räumt den Tisch ab, dabei fällt alles runter)* Der Tag fängt ja gut an . . .

Klappe
Szene II
Tisch wird gerichtet.

Er: *(kommt nach Hause, murmelt)* War das anstrengend heute. Oh, keiner da. *(liest laut)* »Ich bin zu Mutter gefahren, es ging ihr nicht so gut.« Schade, da ruf ich gleich mal an *(reißt einen Brief auf, liest laut)* »Müssen wir Ihnen leider mitteilen, dass wir uns für einen anderen Bewerber . . .« Heut geht aber auch alles schief!

10. Vortragslied

»Nicht mein Tag« (Schulze: CD »Ich häng an dir«)

11. Predigt

Alle kennen solche Situationen, wie in dem Lied besungen und in dem Theaterstück dargestellt wurden.

Eine große Gefahr: alles nur noch schwarz sehen und die Sicht für einen gangbaren Weg aus den Augen verlieren.

Was kann helfen, mit solchen Situationen besser umzugehen, wie komme ich aus dieser Situation wieder heraus?

Wie kann ich anderen helfen, mit negativen Erfahrungen besser fertig zu werden?

1. Wahrnehmen und Annehmen meiner Gefühle
2. Reinigung meiner Gedanken
3. Veränderung oder Annahme der Situation
4. Die Suche nach einem, der mit mir geht, der mich begleitet

1. Wahrnehmen und Annehmen meiner Gefühle

Frustrations- und Leiderfahrungen - bestimmte Gefühle: Trauer, Schmerz, Wut, Ärger, Enttäuschung, Ohnmacht.

Diese Gefühle bewusst wahrnehmen, aushalten, nicht verdrängen.

»Stell dich nicht so an«, »Ist doch halb so schlimm!« Damit nehmen wir unsere Gefühle nicht ernst, nehmen uns selbst nicht ernst, denn unsere Gefühle gehören zu uns wie Denken, Wollen, Tun.

Gefühle bewusst machen und sie wahrnehmen bewirkt die Veränderung schlechter Gefühle. Ich muss nicht das hilflose Opfer meiner Gefühlslage bleiben. Die negativen Gefühle sind nicht verschwunden, wenn ich sie verdränge. Eigenleben im Untergrund.

Deswegen ist es besonders wichtig und gut, Gefühle zuzulassen, sie bewusst ans Licht zu bringen, auch wenn es weh tut.

Gefühle wahr- und annehmen, ihnen nicht ausweichen, standhalten. Erst so bekommt Leben »Fülle und Farbe«.

Wir wollen das Leben gerne selbst in die Hand nehmen, steuern, uns die Dinge verschaffen, die wir gerne hätten. Wir versuchen mit eigenen Möglichkeiten und aus eigener Kraft etwas zu erreichen. Zugleich erlebe ich mich als ohnmächtig, wenn etwas versagt bleibt, was ich mir sehr wünsche: *Ich erlebe meine Machtlosigkeit!* Ich erlebe mich als schwach, ohnmächtig und ausgeliefert - Angst, Krise, Gekränktsein.

Aber: Ausweglosigkeit und Machtlosigkeit können auch ungeahnte Kräfte in mir mobilisieren.

Schwach - weiter positiver Aspekt: anderen Menschen nahe. Verheißung: »In meiner Schwachheit bin ich stark« (Paulus im Neuen Testament).

Kapitulieren, Schwäche eingestehen. Gott hat Raum, mit seinen Möglichkeiten für mich und in mir zu handeln.
Meine Machtlosigkeit aushalten und Gott zum Zuge kommen lassen.

2. Die Reinigung meiner Gedanken

Was geht eigentlich schief - alles? Nicht »alles«! Ruhiges Nachdenken, Situation realistischer einschätzen. Wie denke ich über mich? Denke ich häufig in Sätzen wie: »Mir gelingt ja nie etwas«, »Mir ist doch nichts vergönnt«, »Ich komme ja immer zu kurz!« »Immer mir passiert so etwas!«?

Wenn etwas misslingt oder versagt bleibt, sind solche Sätze Wasser auf die Mühle meiner unbewussten Einstellung, Einfluss auf das, was geschieht. Sie bestimmen mein Leben, meine innere Haltung und Umgebung oft viel mehr, als mir bewusst und lieb ist.

Vorstellung bei einer neuen Arbeitsstelle mit dem inneren Satz: »Ich bekomme die Stelle sowieso nicht!« Sicherlich keine große Chance. - Andere Einstellung: »Ich traue mir zu, diese Stelle auszufüllen, meine Chancen stehen nicht schlecht«, Chancen besser. »Self-fulfilling-prophecy«. Die inneren Sätze bewusst machen und entlarven; in aller Regel *Lügen.*

Die »Lügen« entlarven und ans Licht bringen, denn erst so verlieren sie ihre Macht.

3. Veränderung oder Annahme der Situation

Wenn etwas schief geht, manchmal eigener Anteil. Manchmal können wir aber nichts daran ändern, machtlos. Wie gehen wir damit um?

Passiv verharren, uns ärgern, Enttäuschung pflegen. Aufbegehren, Selbstmitleid, in Scheinwelt fliehen: Alkohol, Drogen, Konsum, Freizeitaktivitäten. Uns selbst kaputt machen.

Oder aktiv werden: Will ich die Situation wirklich ändern oder sie annehmen, sie lieben? Beschluss schafft Klarheit und Erleichterung!

Für Veränderung der Situation entscheiden:
- Was muss ich einsetzen?
- Von wem brauche ich Hilfe?
- Brauche ich überhaupt Hilfe?
- Wie lange wird es dauern, bis eine Änderung sichtbar etwas bringt?
- Was ist der Preis für das Ändern?
- Bin ich bereit, diesen Preis zu bezahlen?

Für das Annehmen entscheiden:
- Abschiednehmen von meinen Wünschen - Trauerarbeit leisten
- Erwartungen an meinen Partner, an eine Gemeinschaft, an die Gemeinde, ans Leben überhaupt zurücknehmen.
- Akzeptieren, dass zum Leben auch Leid, Tod, Schmerzen, Verlust und Zurückweisung gehören.

Weg zu Reife führt immer über »Wüstenerfahrung«, Tiefen- oder Leiderfahrungen und »Katastrophen«. Kein Weg daran vorbei. Akzeptieren, sonst in Entwicklung stehen und dem Leid verhaftet bleiben. Katastrophen aktivieren Energien. Eine Situation annehmen: nicht nur passiv hinnehmen, das Beste daraus machen!

Selbst Frustrationserfahrungen sind Lernerfahrungen.

4. *Die Suche nach einem, der »mit mir« ist*

Die größte Hilfe im Leid zu wissen, dass ich nicht allein gelassen bin, dass jemand mir zur Seite steht, ich trotz allem getragen bin, auch wenn alles schief geht und der Tag mich nicht geküsst hat.

Das können gute Freunde sein, denen ich mein Herz ausschütten darf. Das kann ein Seelsorger sein, der mich durch Klage und Trauer begleitet, bis ich neue Möglichkeiten für mich und mein Leben entdecke.

Auf jeden Fall einer, der mit mir ist. Er kommt mir entgegen: Gott.

Schon sein Name: »Immanuel«, Gott mit uns. In Leidsituationen an dieser Zusage festhalten, denn oft spüre ich gerade in solchen Momenten wenig von der Nähe Gottes, aber – Gott ist trotzdem da. Er war auch da, als Jesus im Garten Gethsemane um den weiteren Weg gerungen hat und dabei Angst verspürte, diesen Weg bis ans Ende zu gehen, den Weg ans Kreuz. Ein Weg also, der für alle seine Anhänger als das totale Scheitern erlebt wurde.

Es ging eben alles schief . . . oder? *Nein!* Gerade in diesem »Scheitern« ist Gott dem Menschen so nahe gekommen, so tief in die Schwäche, in die Einsamkeit, Ohnmacht, in das Sterben. Jesus war am Kreuz von Gott nicht einsam verlassen. Jesus hat zu Gott gerufen, er hat ihm sein Leid geklagt – aber gleichzeitig auch gewusst, wo er hingeht, was ihn erwartet. Zu einem der beiden Mitgekreuzigten sagte er: »Ich sage dir, heute noch wirst du mit mir im Paradies sein« (Lukas 23,43).

Vielleicht eigenen Klagepsalm schreiben, mir das Belastende, Leidvolle von der Seele schreiben, der Seele etwas Gutes tun. Vielleicht brauche ich Anleitung. Jemand, der in großer Not war, hat so gebetet: *(Psalm 27,8-10 lesen.)*

Du hast selbst gesagt: »Ihr sollt mein Antlitz suchen« und das tue ich jetzt. Ich nehme dich bei deinem Wort und verlasse mich auf deine Zusage. Zeige dich mir, denn du bist Gott, mein Heil.

Indem er sich an Gottes Zusage festhält, kommt er von der Angst zur Hoffnung und von der Klage zum Lob: *(Psalm 27,1 lesen.)* Wenn ich jetzt mit Gott diesen Weg gehe, gelingt es mir – vielleicht –, Trost und Hoffnung zu finden und den Blick für einen neuen Weg freizubekommen, den ich gehen kann.

Als Wegbegleiter geht Jesus der Auferstandene mit – wie er es jedem versprochen hat, der ihm vertraut, auch wenn alles schief geht.

»Siehe ich bin bei euch alle Tage bis ans Ende der Welt« – keine maßlose Übertreibung. Dieses ermutigende Versprechen gab Jesus seinen Freunden.
Amen.

12. Lied

»Du bist der Weg und die Wahrheit« (aus: Iwdd)

13. Hinführung zum Gebetsteil

Du hast das Recht,
deine dunklen Stunden zu durchleben
und dich nicht durch billige Sprüche
aus ihnen herauslocken zu lassen.

Die Abgründe und Widersprüche
gehören auch zu dir.
Die Schatten geben deinem Leben
Tiefe und Menschlichkeit.

Wenn du deinen Schatten annimmst,
ermutigst du andere, zu wachsen und Neues zu wagen.
Wo du dich entschließt, auch mit den unschönen
und unerfreulichen Schattenseiten – den eigenen
und denen anderer – zu leben,
lernst du Barmherzigkeit und Güte.

Ich möchte Sie nun einladen, sich nach dem nächsten Lied einige Minuten Zeit für Stille zu nehmen. Sie sehen dazu ein Bild und hören ruhige Musik. Vielleicht denken Sie an die Fragen der Predigt: Von wem brauche ich Hilfe, brauche ich überhaupt Hilfe, wenn ich eine Situation verändern will? – Wo will ich meine Erwartungen an mich und andere zurücknehmen, wo meine Schatten annehmen? Gelingt mir das, brauche ich Freundschaft und Begleitung dazu? Wer gibt sie mir?

14. Lied

»Im Dunkel unsrer Nacht« (aus: Fontäne in blau - Fib)

15. Musik

16. Psalmgebet

Wiederholung von Psalm 27 (siehe Pkt. 6)

17. Lied

»Jede Stunde unseres Lebens« (aus: GdW)

18. Ansagen

19. Kollekte mit Musik

20. Fürbittengebet

Herr, unser Gott,
manchmal geht alles schief,
vieles misslingt und ich fühle mich ganz down;
manchmal kreisen dann meine Gedanken
nur um *mich* und ich bin traurig und wütend zugleich.

Herr, ich bitte dich,
hol mich aus solchen Tieflagen heraus,
lass mich lernen, meine Emotionen anzunehmen,
und mach mich fähig,
mich nicht von meinen schlechten Gefühlen
beherrschen zu lassen.

Herr, hilf uns, offen zu sein für neue Wege,
aus den negativen Gefühlen heraus.

Herr, schenke uns durch deinen Heiligen Geist
Phantasie und Freiheit, eingefahrene Situationen
zu verändern und deine Wege zu gehen.

Herr, unser Gott,
auch in unserer Gesellschaft läuft vieles schief.
So viele Menschen haben keine Arbeit,
so viele Menschen sind sehr arm,
so viele Menschen, junge und alte, leben auf der Straße.
Die letzten Nächte waren so kalt
und der Winter beginnt bald.
Die Not der Obdachlosen in unserer Stadt
ist oft so weit weg von uns und wir fühlen
uns ohnmächtig, etwas für diese Menschen zu ändern.

Wir nennen dir, jeder für sich,
in der Stille einen Menschen,
der in Not ist.
Hilf du ihm und zeige uns,
wie wir ihm helfen können.

(Kurze Stille)

Herr, wir bitten dich,
nimm alle Menschen, denen vieles
schief geht und die darunter leiden,
unter deinen Schutz.
Amen.

21. Vaterunser-Lied

22. Segen

Gott segne dich und behüte dich.

Gott segne dich auch,
wenn es grau und voller Nebel um dich herum ist und
wenn du dich wie in einem Netz gefangen fühlst.

Gott schenke dir die Stärke,
nicht immer jung, dynamisch und erfolgreich sein zu müssen.

Gott gebe dir Mut
auszuhalten, wenn du traurig oder enttäuscht bist,
müde oder unlustig.

Gott ertrage dich in deiner Niedergeschlagenheit,
dass du nichts ausrichten kannst
gegen das Schlechte und das Böse
in dieser Welt und in dir.

Gott sende dir seinen Geist,
dass er dich durch den dichten Nebel hindurchtrage
und dich zur rechten Zeit wieder
zu den fröhlich tanzenden Sonnenstrahlen bringe.

So segne dich Gott der Vater, Jesus der Sohn und der Heilige Geist.
Amen.

23. Lied

»Gottes Friede« (aus: Fib)

24. Musik

(Ulrike und Gustav Rehbein und Team)

3. Solidarisch leben – Eltern ehren

Thema:
Als Erwachsene die Eltern ehren

Bibeltext:
Im fünften (vierten) Gebot fordert Gott die Menschen auf, ihre Eltern zu ehren: 2. Mose 20,12

Vorbereitung/Materialien:
- keine

Mitarbeiter:
- 2 Moderatoren
- Sprecher (Pkt. 9 und 13)
- Prediger
- Jugendliche zum Begrüßen an der Tür
- Jugendliche zum Liederbücher-Austeilen und Kollekteeinsammeln
- Mitarbeiter für Gespräche (Button »Ganz Ohr«)

1. Vortragslied

»Ihr seid nicht umsonst gekommen« (aus: GdW)

2. Begrüßung

3. Hinführung zum Thema

Brainstorming zu den Begriffen »ehren«, »wertschätzen«

4. Lieder

»Lobe den Herrn, meine Seele« (aus: Iwdd)

»Kommt, atmet auf« (aus: Feiert Jesus - FJ)

5. Psalmgebet

Psalm 34, i.A.

6. Lied

»Glauben heißt: Christus mit Worten« (aus: Fib)

7. Lesung

2. Mose 20,12

8. Lied

»Trommle, mein Herz, für das Leben« (aus: Ims)

9. Aktion

Märchen: Der alte Großvater und sein Enkel

(1. Bild) »Es war einmal« - so fangen alle Märchen an, so fängt auch dieses Märchen an.

Bild 1 © Karin Wolf

»Es war einmal ein steinalter Mann, dem waren die Augen trüb geworden, die Ohren taub, und die Knie zitterten ihm. Wenn er nun bei Tisch saß und den Löffel kaum halten konnte, schüttete er Suppe auf das Tischtuch, und es floss ihm auch etwas aus dem Mund. Sein Sohn und dessen Frau ekelten sich davor, und deshalb musste sich der Großvater eines Tages hinter den Ofen in die Ecke setzen, und sie gaben ihm sein Essen in einem irdenen Schüsselchen und dazu noch nicht einmal satt *(2. Bild)*.

Einmal auch konnte seine zittrige Hand das Schüsselchen nicht festhalten, da fiel es zur Erde und zerbrach. Da kaufte die junge Frau ihm ein hölzernes Schälchen für ein paar Heller, daraus musste er nun essen *(3. Bild)*.

Wie sie so dasitzen, so trägt der kleine Enkel von vier Jahren auf der Erde einige Brettlein zusammen *(4. Bild)*.

Bild 2 © Karin Wolf

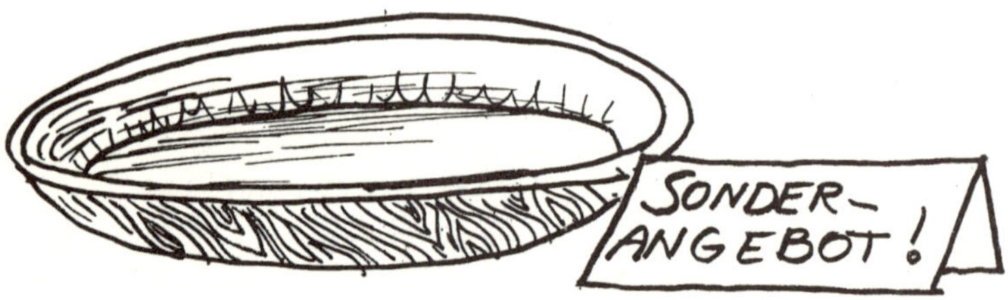

Bild 3 © Karin Wolf

›Was machst du da?‹, fragt der Vater. ›Ich mach ein Tröglein‹, antwortet das Kind, ›daraus sollen Vater und Mutter essen, wenn ich groß bin.‹

Da sahen sich Mann und Frau eine Weile an und fingen endlich an zu weinen *(5. Bild),* holten den Großvater zurück an den Tisch und ließen ihn von nun an immer bei sich mitessen.«

(»Der alte Großvater und sein Enkel«, Brüder Grimm)

Bild 4

Bild 5

10. Vortragslied

»Die Alte auf der Schaukel« (aus: Ims)

11. Predigt

»Oma, willst du schaukeln,
dann gebe ich dir Schwung.«
»Ja, komm und gib mir Schwung, mein Herz,
dann werd ich wieder jung!« *(Schöne-Lied)*

Hier ist mal eine Alltagsbegegnung gelungen. Die Begegnung zwischen zwei Generationen. Wobei dieses Beispiel ja meistens noch das geringste Problem ist, das Verhältnis zwischen Großeltern und Enkeln. Problematisch ist es mit der dazwischenliegenden Generation. Denn es nimmt nicht nur die Gewalt gegen Kinder zu, sondern auch die Gewalt gegen Alte. Nicht nur in Form von Handtaschen-Diebstahl, sondern innerhalb von Familien. In den USA gibt es das schauerliche Wort und die noch schauerlichere Wirklichkeit des »Granny-Dumping«. Das bedeutet soviel wie »Oma-Wegwerfen«. Allein im Jahr 1993 wurden dort schätzungsweise 70.000 alte Leute ausgesetzt.

So fanden Arbeiter einen 80-Jährigen, der an der Alzheimer-Krankheit litt, auf dem verlassenen Gelände einer Hunderennbahn in Idaho. Weil der Mann seinen Namen nicht mehr wusste, konnte er zunächst nicht identifiziert werden, bis der Leiter eines Pflegeheims in Oregon, also einem ganz anderen Bundesstaat, den Alten in einem Fernsehbericht erkannte und die Polizei alarmierte. Zwei Tage zuvor sei seine Tochter in der Klinik erschienen und habe erklärt, die Pflegekosten nicht länger aufbringen zu können. »Sie sagte, dass sie jetzt selbst für den Vater sorgen wolle, und hat den alten Mann sofort mitgenommen.«

»Granny-Dumping« – ein Rückfall in die Zeit der Jäger und Sammler, der steinzeitlichen Nomaden, die auf ihren weiten Wanderungen gebrechliche Alte nicht mitnehmen konnten und – immerhin mit dem Nötigsten ausgestattet – an einem Lagerplatz zurückließen. Dass damals die Solidarität mit den Gebrechlichen an dieser Stelle endete, war für die Nomaden eine Frage des Überlebens.

Wenn heute die Solidarität mit den Schwachen aufgekündigt wird, ist das in der Regel nicht eine Frage des Überlebens, sondern der Besitzstandswahrung.

Aber das lässt Gott nicht kalt, damals schon nicht und heute erst recht nicht. Der Gott der Bibel, der Gott Israels und Vater Jesu Christi, hat nicht nur ein Interesse an religiösen Fragen, an welche Gottheit wir glauben, ob wir seinen Namen in Ehren halten und wie wir unsere Feiertage gestalten. Sondern er hat ein elementares Interesse an unserer Lebenswirklichkeit mit all den Problemen, die da auftauchen können:

»Ich bin der Gott, der dich befreit hat.« So hat er sich vorgestellt. Und dann seine Wegweisungen mitgeteilt, wie solch ein befreites Leben aussehen und gelingen kann. Und er hat markiert, wo die gefährlichen Abgründe sind, in die wir stürzen können, wenn wir seine Ratschläge in den Wind schlagen. Das sind seine zehn großen Angebote.

Mit dem Gebot, die Eltern zu ehren, beginnt die so genannte zweite Gebots-Tafel. Mit diesem zweiten Teil der Zehn Gebote will Gott verhindern, dass wir uns die von ihm geschenkte Freiheit wieder gegenseitig kaputtmachen. Denn er weiß, wie gut wir darin sind, uns gegenseitig selbstsüchtig und egoistisch zu ruinieren.
In allen weiteren Geboten geht es immer um dieses eine Thema:
- Dass sich nicht der Stärkere rücksichtslos gegen den Schwächeren durchsetzt, dass keiner über Leichen geht – »du sollst nicht töten«.
- Dass keiner auf Kosten anderer lebt – »du sollst nicht stehlen«.
- Dass man andere nicht mit heimtückischen Mitteln fertig macht – »du sollst nicht falsch Zeugnis reden wider deinen Nächsten«.
- Dass man sich nicht mit Neid und Misstrauen das Zusammenleben zerstört – »du sollst nicht begehren, was deinem Nächsten gehört«.

Immer geht es Gott um gelingendes Miteinander, um wirkliche Menschlichkeit, wozu er uns von Anfang an gedacht hat.

Warum aber steht dieses Gebot am Anfang der zweiten Tafel: »Du sollst deinen Vater und deine Mutter ehren, damit du lange lebst in dem Land, das dir der Herr, dein Gott, geben wird«?

Zunächst einmal steht hier nicht: »Du sollst deinen Eltern gehorchen.« Die Gebote sind sowieso nicht gedacht als Hilfe bei der Erziehung widerspenstiger Kinder, nach dem Motto: »Pass auf, kleine Hand, was du tust, denn der Vater im Himmel sieht herab auf dich.«

Es geht hier darum, wie erwachsene Menschen mit ihren alten, gebrechlichen Eltern umgehen. Denn damals waren Alte, die nicht von ihren Kindern versorgt wurden, dem Tod geweiht. Und für Israel, das nach vierzig Jahren Nomadentum nun in Kanaan sesshaft werden sollte, war das der erste Bereich, wo sie umdenken und umlernen mussten. Ihr seid jetzt auch für die schwachen Glieder eurer Gemeinschaft voll verantwortlich! Ihr sollt jetzt noch solidarischer leben! Ihr sollt den Menschen, die nicht mehr leistungsfähig sind, mit Wertschätzung und Hochachtung begegnen, weil sie von Gott geliebt sind wie ihr!

Diese Wertschätzung auch des Schwächeren muss in der Familie beginnen. Weil das, was man in der Familie erlebt, durchschlägt auf das Verhalten gegenüber anderen.

Wenn Verachtung zum Grundton in einer Familie wird, wie kann da noch Gutes wachsen?

Untersuchungen haben ergeben, dass oft solche Erwachsenen gegen Alte gewalttätig werden, die selbst als Kinder von ihren Eltern misshandelt worden sind. Deshalb heißt es im Neuen Testament als Ergänzung: »Ihr Väter, reizt eure Kinder nicht zum Zorn« (Epheser 6,4). Wo nämlich Wertschätzung gelebt wird, kommt das allen zugute.

»Ehre Vater und Mutter, *damit du lange lebst in dem Land«*, also zu deinem eigenen Vorteil. Ehren, achten, wertschätzen sind die Mindestvoraussetzungen für gelingendes Miteinander. Nicht nur gegenüber Eltern und Kindern, sondern in allen Lebensbezügen und Begegnungen. Sie haben gleich in der Zeit der Stille die Gelegenheit, das noch einmal durchzubuchstabieren für die Lebensthemen, die bei Ihnen gerade dran sind.

Gott ist jedenfalls zutiefst daran interessiert, dass unser Leben gelingt.

Amen.

12. Lied

»Wo ein Mensch Vertrauen gibt« (aus: Fib)

13. Lesung

Selig, die Verständnis zeigen für meinen stolpernden Fuß und meine lahme Hand.
Selig, die begreifen, dass mein Ohr sich anstrengen muss, um alles aufzunehmen, was man zu mir spricht.
Selig, die wissen, dass meine Augen trüb und meine Gedanken träge geworden sind.
Selig, die mit freundlichem Lächeln verweilen, um ein wenig mit mir zu plaudern.
Selig, die niemals sagen: »Diese Geschichte haben Sie mir heute schon zweimal erzählt.«
Selig, die es verstehen, Erinnerungen an frühere Zeiten in mir wachzurufen.
Selig, die mich erfahren lassen, dass ich geliebt, geachtet und nicht allein gelassen bin.
Selig, die in ihrer Güte die Tage, die mir noch bleiben auf dem Weg in die ewige Heimat, erleichtern.

(Seligpreisungen eines alten Menschen aus Afrika)

14. Lied

»Gott loben in der Stille«, Strophe 1+2 (aus: Neue Gemeindelieder)

15. Hinführung zur Stille

16. Lied

»Gott loben in der Stille«, Strophe 3+4

(Stille)

17. Fürbitte

mit »Herr, erbarme dich« (aus: Evangelisches Gesangbuch - EG)

18. Vaterunser-Lied

19. Ansagen

20. Segen

21. Lied

»Gottes Friede« (aus: Fib)

(Gerold Vorländer, Conny und Willy Esser)

4. Fragen, Fragen, Fragen

Thema:
Wir können Jesus Fragen stellen; er will sie beantworten

Bibeltext:
Bei Jesus werden viele unserer Fragen beantwortet, vieles bleibt aber offen, bis wir nach unserm Tod alles sehen werden, wie es ist: 1. Korinther 13,12

Vorbereitung/Materialien:
- keine

Mitarbeiter:
- 2 Moderatoren
- Interview-Partner
- Prediger
- Jugendliche für Begrüßung am Eingang
- Jugendliche zum Liederbücher-Verteilen und Kollekteeinsammeln
- Mitarbeiter für Gespräche (Button »Ganz Ohr«)

1. Vortragslied

»Angekommen« (von S. 15)

2. Begrüßung

3. Lied

»Steht auf und lobt unsern Gott« (aus: Jwdd)

4. Gebet

5. Lied

»Singt dem Herrn, alle Völker und Rassen« (aus: LL)

6. Musik

Der, die, das . . .« (Sesamstraße Titelsong)

7. Pseudo-Interviews

Einer der Moderatoren geht mit einem Mikrofon durchs Publikum und stellt die folgenden Fragen, wobei die Antworten nicht abgewartet werden, sondern gleich die nächste Frage an einen anderen Gottesdienstbesucher gerichtet wird.

- ◇ Haben Sie schon mal ein Schwein erschlagen?
- ◇ Lassen Sie beim Küssen die Augen auf?
- ◇ Oder ist Ihnen das peinlich?
- ◇ Worauf können Sie jetzt sofort verzichten?
- ◇ Haben Sie Angst vor Hunden?
- ◇ Oder Menschen?
- ◇ Oder Kugelblitzen?
- ◇ Würden Sie gerne Ihren Lebenslauf an ein paar Stellen korrigieren?

8. Lied

»Fragen, Fragen, Fragen« (aus: Ims)

9. Hinführung zur Predigt

Es gibt viele Arten zu fragen (die einzelnen Beispiele werden von verschiedenen Sprechern gelesen, so dass sich zum Teil ein echtes Frage- und Antwortspiel ergibt):

- ◇ Quizfrage – »Wie viel Volt erzeugt ein Zitteraal?« (über 600 V)
- ◇ Ja-Nein-Frage – »Liebst du mich?« – »Nö!«
- ◇ Peinliche Frage – Kind zur Mutter beim Großeinkauf: »Mama, haben wir auch unser Konto nicht wieder überzogen?«
- ◇ Scherzfrage – »Welcher Trommler trommelt mit der Nase?« (Alle Trommler. Sie machen sie ja nicht vorher ab.)
- ◇ Alternativ-Frage – »Trinkst du Kaffee oder Tee?« – »Milch!«
- ◇ Existenzielle Frage – »Willst du diese hier anwesende Petra S. zur Frau nehmen?«
- ◇ Gegenfrage – »Ja, meinen Sie, ich sollte?«
- ◇ W-Frage – »Wer wie was wieso weshalb warum?«
- ◇ Rhetorische Frage – »Ja, meinen Sie denn wirklich, dat sich mit der SPD auch nur irjendswät ändern täte?«
- ◇ Und ganz ernste Fragen . . .

10. Liedvortrag

»Wer wird über Charlie Chaplin lachen?« (aus: Ims)

11. Predigt

Viele lustige Fragen haben wir gehört - und in diesem Lied viele ernste Fragen. Was für Fragen uns bewegen, vielleicht ohne dass wir es richtig merken und darüber nachdenken:

- ◇ Die Frage nach der Zukunft dieser Welt.
- ◇ Die Frage, was noch alles auf uns zukommen wird und ob wir dem wohl gewachsen sind.
- ◇ Die Frage, ob meine Ehe oder meine Freundschaft wohl von Dauer sein wird, was ich dafür tun kann - und was sein würde, wenn es nicht gelingt.
- ◇ Die Frage, welchen Beruf ich bloß lernen oder was ich studieren soll . . .
- ◇ Die Frage, ob ich meine Arbeitsstelle behalte - oder ob ich je noch mal eine Stelle bekomme.
- ◇ Die Frage, wie wertvoll ich anderen Menschen wirklich bin, oder ob sie nicht doch einfach nur höflich zu mir sind.
- ◇ Die Frage, welche verborgenen Kräfte und Abgründe wohl noch in meiner Seele schlummern.
- ◇ Die Frage danach, was wohl einmal aus meinen Kindern wird, ob sie den Anforderungen des Lebens standhalten werden.
- ◇ Später dann die Frage, wie ich damit leben kann, wenn die Kinder aus dem Haus gehen.
- ◇ Die Frage, was aus mir wird, wenn ich alt bin - und wenn ich sterben muss.
- ◇ Ob es eine Zukunft über die sichtbare Welt hinaus gibt.
- ◇ Ob es eine letzte Instanz gibt, vor der ich mich einmal verantworten muss.
- ◇ Ob es hinter all der himmelschreienden Ungerechtigkeit und allem Leid in dieser Welt doch eine letzte Gerechtigkeit gibt.

◇ Ob ich mich überhaupt traue, solche Fragen ernsthaft zu stellen und zuzulassen.
◇ Und wo ich damit hingehen soll.

Alles Fragen, bei denen uns die Naturwissenschaften und hochentwickelten Technologien keinen Schritt weiterhelfen können. Fragen, die wir verdrängen können oder wo wir nach einem Ort suchen, um sie loszuwerden. Manchmal sind da gute Freunde eine wirkliche Hilfe. Aber bei den letzten Fragen sind sie meist genauso hilflos.

Letzte Fragen können geklärt sein, wenn wir uns endlich wieder auf Jesus konzentrieren, wenn wir ihn immer besser kennen lernen, wenn wir ihm unsere Fragen vorlegen und seine Antworten wahrnehmen. Im Gebet, in der Stille, im Lesen der Bibel, im Gespräch mit anderen, die ihn kennen.

Die Frage danach, ob es Gott gibt und ob er es gut mit uns meint, hat er eindeutig beantwortet. »So sehr hat Gott die Welt geliebt, dass er seinen einzigen Sohn gab . . .«

Die Frage nach dem Tod hat er an Ostern eindrucksvoll beantwortet. »Siehe, ich lebe, und ihr sollt auch leben.«

Die Frage, woran wir uns halten können und was uns hält bei all dem, was auf uns zukommt, hat er beantwortet: »Mir ist gegeben alle Gewalt im Himmel und auf Erden, und ich bin bei euch alle Tage bis an das Ende der Welt.«

Die Frage, wie wertvoll ich bin, hat er am Kreuz beantwortet. Diesen Weg ist er auch für mich und dich gegangen und bestimmt nicht nur aus Höflichkeit, sondern weil wir ihm so kostbar sind, kostbarer als sein eigenes Leben.

Wenn das so weitergeht mit den Antworten, könnte man bei Jesus mit dem Fragen richtig auf den Geschmack kommen.

Manche sagen: Komm zu Jesus, und du hast keine Fragen mehr. Aber ich erlebe das ganz anders. Wenn ich zu Jesus komme, kann ich erst mal richtig anfangen zu fragen.

Wie gut, dass er uns zuhört und wir wirklich alles bei ihm fragen können. Da gibt es keine peinlichen und keine dummen Fragen. Weil er sich grenzenlos für mich und dich interessiert und seine Liebe alle Peinlichkeiten und Dummheiten zudeckt.

Und ich merke nach und nach, in wie vielen Fragen er kompetent ist und ich hilfreiche Antworten bekomme, wenn ich ihn nur frage.

Sicher, ich verstehe nicht alle seine Antworten sofort, manchmal erst viel später, manche nie in diesem Leben. Aber ich kann ja weiter fragen. Bis ich irgendwann einmal ganz bei ihm bin.

Paulus sagt: »Wir sehen jetzt durch einen Spiegel ein dunkles Bild, dann aber von Angesicht zu Angesicht. Jetzt erkenne ich stückweise; dann aber werde ich erkennen, wie ich jetzt von Gott erkannt werde.« (1. Korinther 13,12)

»Jesus ist die Antwort, die du dir ersehnst.
Hör nicht auf zu fragen, eh du Jesus kennst.
Jesus ist die Antwort, die du dir ersehnst.
Hör nicht auf zu fragen, wenn du Jesus kennst.«

Amen – das wünsch ich Ihnen!

12. Lied

»Lobt den Herrn . . . unter uns erblüht sein Stern« (aus: LL)

13. Psalm

(mit Musik unterlegt)

Ich bin vergnügt
(Hanns-Dieter Hüsch, aus: Das Schwere leicht gesagt, tvd-Verlag, Düsseldorf 1993)

14. Lied

»Lobt den Herrn . . . Stern«

15. Ansagen/Kollekte

Dazu Musik.

16. Schlussgebet

(Dank für Antworten, Fragen und Klagen, für offene Themen)
mit »Herr, erbarme dich« (aus: EG)

17. Vaterunser-Lied

18. Segen

19. Segenslied

»Jede Stunde« (aus: GdW)

(Gerold Vorländer, Astrid Friedl und Team)

5. Gentechnik: Tomaten mit Füßen

oder: Wie weit darf man Gen?

Thema:
Der christliche Glaube und die Gentechnik

Bibeltext:
König Salomo bittet nicht um langes Leben, Gesundheit, Schönheit und Höchstbegabung, sondern um Weisheit und ein gehorsames Herz: 1. Könige 3,5-13

Vorbereitung/Materialien:
- Tisch und 4 Stühle, mehrere Ordner, ein DIN A4-Blatt, mehrere scheckgroße Blätter, Kuli
- 3 Zettel für jeden Gottesdienst-Besucher: »Mein Gebetsanliegen« (Pkt. 14), »Meine Frage an den Prediger« (Pkt. 11), »Ihre Meinung ist gefragt«

Mitarbeiter:
- 2 Moderatoren (M 1 und M 2)
- Prediger
- Interview-Gast
- Vater
- Mutter
- Tochter (im Stück 10-14 Jahre alt)
- Berater
- Chef

1. Musik

»Die Rübe« (Frederic Vahle)

Die Gottesdienst-Besucher haben die Möglichkeit, schon jetzt einen *Gebetszettel* auszufüllen. Ihre Anliegen werden in einem der Gebetskreise der Gemeinde oder beim Abschlussgebet aufgenommen.

Mein GEBETSANLIEGEN:

❑ weiblich ❑ männlich

!

Meine FRAGE an den Prediger:

?

2. Begrüßung, Einführung

M1: Als in der ersten Hälfte des 19. Jahrhunderts die Eisenbahn erfunden wurde, sagten Wissenschaftler eine Katastrophe voraus: Ab Tempo 40, so hieß es, würden die Menschen beginnen, sich in ihre Bestandteile aufzulösen.

M2: Als in den zwanziger Jahren dieses Jahrhunderts das Radio erfunden wurde, sagten Forscher ebenfalls eine Katastrophe voraus: Man befürchtete, dass alle Vögel tot vom Himmel fallen würden, wenn überall ungeschützt diese gefährlichen Radiowellen in der Luft wären.

M1: Der Mensch ist eben vorsichtig. Und das mit einem gewissen Recht. Die Eisenbahn hat uns eben beides gebracht: den TUI-Ferienexpress und die Atommüll-Transporte. Die Vögel sind zwar nicht tot vom Himmel gefallen, aber das Radio hat bis heute zwei Gesichter: Es brachte . . . *(zwei populäre Radiosender mit gegensätzlichen Programmen, zum Beispiel Rock und Schnulzen).*

M2: Seit einigen Jahren nun versucht sich die Menschheit an der Gentechnik. Und wieder wird eine Fülle von Ängsten geäußert: Der Mensch sieht vor seinem geistigen Auge lauter blonde Menschen, die im Reagenzglas entstanden sind, Mastschweine, die drei Meter lang sind und zu achtzig Prozent aus Leberwurst bestehen, und Gottesdienste, in denen regelmäßig gelacht und geklatscht wird.

M1: Willkommen im ersten gentechnisch veränderten Gottesdienst der Welt! Mein Name ist . . . Neben mir steht . . . Er ist sozusagen der Dr. Frankenstein, in dessen Reagenzgläsern dieser ebenso schaurige wie faszinierende Gottesdienst entstanden ist.

M2: Wir haben nicht vor, heute Abend die Frage der Gentechnik zu lösen. Wir gestehen Ihnen, dass wir innerhalb des Leitungsteams verschiedene Auffassungen zu dieser Frage haben.

M1: Ja, es ist faszinierend, dass es sogar unter uns beiden sowohl eine sehr differenzierte und ausgewogene als auch eine ausgesprochen naive Meinung zu diesem Thema gibt.

M2: Wobei ihm die Bescheidenheit verbietet, Ihnen zu verraten, wer von uns beiden die differenzierte Auffassung zur Gentechnik hat. Was wir vorhaben, ist danach zu fragen, welche theologischen Fragen für uns mit der Gentechnik verbunden sind. Auf gut

Deutsch: Was die Gentechnik mit unserem Verhältnis zu Gott zu tun hat.

M1: . . . wird die Predigt halten . . . und ich haben sie bereits gelesen, und nachdem wir die Hälfte davon überarbeitet haben, können wir Ihnen versprechen: Sie ist klasse! Als Interview-Gast haben wir einen Fachmann in Fragen der Gentechnik eingeladen, Herrn . . .

3. Vortragslied

»Wonderful world« (Louis Armstrong)

4. Theaterstück

Das Wunschkind

Ein Ehepaar kommt mit seiner Tochter zu einer Firma, die per Anzeige verspricht, Wunschkinder zu gestalten. Auf der Bühne sieht man ein Beratungszimmer mit einem Tisch und Stühlen. Auf dem Tisch liegen große Ordner. Ein Mann sitzt am Tisch, als es plötzlich an der Tür klopft.

Mutter: Ist das hier richtig? Sind Sie Dr. Glück?

Berater: Ja, bei mir sind Sie immer richtig! Lassen Sie mich raten: Sie wollen bestimmt ein Mädchen!

Mutter: Naja, das erste haben wir selbst gemacht, und es ist uns total misslungen!

Tochter: Aber Mama!

Berater: *(schaut die Tochter nachdenklich an)* Stimmt!

Vater: Petra, wir waren uns wirklich noch nicht einig. Ich hätte überhaupt nichts gegen einen richtig guten Sportler.

Berater: Sportlichkeit ist nicht billig. Dachten Sie eher an Fußball oder Kegeln? Kegelgene sind wesentlich preisgünstiger. Aber vielleicht fangen wir besser von vorne an. *(holt einen Fragebogen hervor)* Also: Junge oder Mädchen?

Mutter: Mädchen! Nur nicht so wie das da.

Tochter: Aber Mama!

Vater: Ich will einen tollen Jungen. So wie ich einer bin.

Mutter und Tochter: Aber Papa!

Berater: Sie können auch gern eine Geschlechterkombination haben. Aber unter uns: Es sieht nicht besonders gut aus. Vielleicht stellen wir diese Frage erst einmal zurück. Woran dachten Sie denn bei Augen- und Haarfarbe? Neongrün ist im Trend.

Mutter: Ernst, ich weiß nicht. Grün, das wirkt so kränklich. Ich möchte etwas richtig Edles. Wie wäre es mit goldenen Augen?

Vater: Dann aber nur mit platinblonden Haaren.

Mutter: Igitt, das passt ja überhaupt nicht zu unseren Vorhängen. Und ein unpassendes Kind haben wir ja schon.

Tochter: Aber Mama!

Vater: Dann kauf ich dir halt neue Vorhänge. Und dafür bekomme ich platinblonde Haare. Einverstanden?

Mutter: Was das wieder kostet!

Vater: Es kommt doch hier wirklich nicht aufs Geld an. Übrigens, was kostet uns denn so ein Wunschkind?

Berater: Das hängt ganz davon ab, für welches Modell Sie sich entscheiden. Dachten Sie eher an Standard- oder an Luxusausstattung? Mädchen zum Beispiel haben serienmäßig zwei Airbags. Dann haben wir als Zubehör Weglaufsperre, verringerten Schadstoffausstoß und ABS, Anti-Brech-System.

Mutter: *(begeistert)* Das ist alles möglich? Glauben Sie mir: Wir wollen für unser Kind nur das Beste. Ein 08/15-Teil haben wir ja schon.

Tochter: Aber Mama!

Berater: Ich überschlage mal eben. Das wären Grundkosten in Höhe von etwa dreißigtausend Mark.

Vater: Dann müssen wir wohl das Auto verkaufen.

Mutter: Das ist es mir wert. Ich will nur nie mehr so viel Ärger wie mit dem da!

Tochter: Aber Mama!

Vater: *(füllt einen Scheck aus)* Das wäre mir auch besonders wichtig: Ich möchte kein nächtliches Geschrei, keine vollgeschissenen Windeln und vor allem keine Kinderkrankheiten mehr.

Berater: Also Servicepaket B. Zwölftausend Mark extra.

Vater: Tja, da muss wohl unser Medientower dran glauben. *(Füllt einen neuen Scheck aus.)*

Mutter: Toll! Und es soll in allen Schulfächern eine Eins haben. Nicht so wie das hier.

Tochter: Aber Mama!

Berater: Oh, bei den IQ-Genen haben wir im Augenblick leider große Lieferschwierigkeiten. Sie wissen ja, die Streiks in Südkorea. Was ich Ihnen anbieten kann, sind die Modelle: ... *(Name des eigenen Pastors einsetzen),* Karl Dall der Bill Gates. Frauen führen wir in dieser Kategorie überhaupt nicht.

Tochter: Aber - aber!

Berater: Für Bill Gates kommen aber noch mal fünfundzwanzigtausend Mark dazu ... *(Name des eigenen Pastors)* haben wir im Schlussverkauf.

Mutter: *(schaut ihren Mann an)* Den Wohnwagen?

Vater: *(nickt und schreibt einen neuen Scheck)*

Berater: Wie halten Sie's mit der Religion? Evangelisch, katholisch, freikirchlich?

Mutter: Nein, das Kind soll sich ganz frei entfalten können! Nicht so wie das da!

Vater: Aber Mama!

Berater: Ach, Sie möchten Selbstbewusstsein haben. Das gibt es in den modernen Genen eigentlich überhaupt nicht mehr. Da muss ich auf ältere Samenbanken zurückgreifen. Empfehlen würde ich es Ihnen allerdings nicht, denn das entspricht nicht der Euro-Norm.

Vater: Trotzdem: Mein Kind soll das gewisse Etwas haben. Nicht so was Gewöhnliches wie das da.

Tochter: Aber Papa!

Vater: *(guckt die Mutter an)* Wenn wir zur Oma ziehen, dann können wir das Haus verkaufen. *(Füllt neuen Scheck aus)*

Berater: Ich gebe Ihnen für die Details unseren Katalog mit. Da können Sie dann zu Hause in aller Ruhe auswählen. Unsere Bedingungen sind Ihnen ja sicher bekannt: Lieferzeit circa zwei Wochen. Zwei Jahre Garantie auf alle Einzelteile bei sachgemäßer Haltung.

V. u. M.: Können wir das hier in Zahlung geben?

Tochter: Auja!

Chef: *(kommt überraschend herein)* Entschuldigen Sie, mir ist da etwas sehr Peinliches passiert: Das hier ist nur ein Prototyp. Ich hoffe, er hat Ihnen nicht diesen Unsinn mit dem Baby-Baukastensystem erzählt. Es handelt sich dabei um einen Feldversuch unserer Ethikabteilung, der demnächst durchgeführt werden soll.

Berater: Aber Chef!

Chef: *(schaltet den Berater aus)*

5. Vortragslied

»Unser Land« (Klaus Lage)

Während die Musik leiser spielt, wird Weisheit Salomos 11,24-12,1 gelesen.

6. Lieder

M1: Dieser Teil dient dazu, dass wir uns in besonderer Weise für Gott öffnen. Dabei ist es völlig egal, ob jemand bei den Liedern steht oder lieber sitzt, ob er mitsingt oder einfach nur zuhört, ob er mitklatscht oder die Hände in die Hosentaschen steckt. Jeder soll ganz er selbst sein und die Seele baumeln lassen.

»Gepriesen sei der Herr« (aus: Du bist Herr - DbH)

»Dich anbeten, Herr« (aus: DbH 2)

7. Gebet

8. Lied

»Ich trau auf Dich, o Herr« (aus: DbH)

9. Predigt

Das Wort »Gentechnik« ist eines, das so richtig schön auf der Zunge zergeht. Da schmeckt man so einen Hauch Vollkommenheit. Alles ist machbar! Freie Auswahl! Klingt verlockend! Wie wär's? Wenn Sie sich morgen einer umfassenden Gen-Therapie unterziehen könnten - was würden Sie wählen? Ein Gen für bessere Ohren! Eines für lila Fingernägel! Für längeres Leben! Mehr Geschäftssinn! Weniger Gewicht! Im Traumland der Forscher ist nichts unmöglich! Überlegen Sie es sich: Sie haben morgen früh um neun einen Termin bei Dr. med. Wurst und dürfen sich entscheiden, was an Ihnen anders werden soll.

Mir fallen sofort ein paar Dinge ein: bessere Augen (schließlich ist jeder, der eine Brille trägt, ein potentieller Gen-Patient), selbstreinigende Zähne, weniger Ungeduld, es gibt ja Zeiten, da bin ich so aufbrausend ... Andererseits: wenn ich ehrlich bin, habe ich manchmal, gerade weil ich bin, wie ich bin, Dinge gewagt, die ich nach langem Nachdenken wohl kaum riskiert hätte, und trotzdem wurden sie entscheidend für mein Leben. Könnte es sein, dass Sie morgen früh zu Dr. med. Wurst gehen und ihm sagen: »Vielen Dank für das an-gen-ehme Angebot, aber ohne meine Schwächen wäre ich nicht ich!«?

Wer heute gekommen ist, um ein klares Votum für oder gegen Gentechnik zu hören, der wird enttäuscht sein. Ich mache hier keine Politik. Abgesehen davon ist das Thema Gentechnik so vielschichtig, dass man es gar nicht so einfach be- oder verurteilen kann: Herstellung von lebensrettenden Medikamenten, Veränderung von Pflanzen, Qualitätsoptimierung, Klonen von Lebewesen oder Eingriffe in das Erbgut von Menschen sind so unterschiedliche Aspekte, dass ein Pauschalurteil naiv wäre. Wer kann zum Beispiel etwas dagegen haben, dass Menschen gesund werden? Eines aber werde ich tun: Ich werde zeigen, dass hinter der Gentechnik Denkstrukturen und Ideale stecken, die wir genau prüfen sollten. *»Tomaten mit Füßen«* heißt das Thema, und ich will das joggerstarke Gemüse auf Mark und Bein prüfen.

Eine befreundete Biologin erzählte mir, sie habe neulich an der Gemüsetheke beim Quengelmann gestanden, als eine ältere Dame auf sie zukam: »Entschuldigen Sie, wissen Sie, ob das diese gefährlichen Tomaten mit den Genen sind?« Als Biologin wollte meine Bekannte gleich aufklärerisch wirken: »Alle Tomaten haben Gene.« Darauf die Dame: »O Gott!«

Was ist Gentechnik? Dass viele Menschen so große Angst davor haben, liegt wohl vor allem daran, dass wir kaum etwas darüber wissen. Also eine kurze Bestandsaufnahme: In den sechziger Jahren des 19. Jahrhunderts entdeckte man, dass bestimmte Eigenschaften von Lebewesen nach bestimmten Gesetzen vererbt werden. In den vierziger Jahren des 20. Jahrhunderts fand man dann heraus, dass schier endlos lange Moleküle, die DNS, den genetischen Code des Menschen enthalten. Die Revolution in der Biotechnologie aber kam in den siebziger Jahren: Wir können nun diesen Code lesen, verstehen und - das ist das ganz Neue - wir können ihn verändern. Vereinfacht gesagt: Wenn ich weiß, wo in der DNS der Code für blaue Augen liegt, ihn rausschneide und den für braune Augen einsetze, dann bekommt das Kind braune Augen. Aber es geht noch darüber hinaus: Eine Forschergruppe arbeitet gerade daran, bestimmte Pflanzen genetisch so zu verändern, dass sie beim Wachsen gleichzeitig Impfstoffe herstellen: Dann gibt es zukünftig Bananen gegen Hepatitis, Kartoffeln gegen Cholera und Sojabohnen gegen Krebs.

Einer anderen Gruppe ist es gelungen, Stammzellen - das sind Zellen, die etwas produzieren - zu verpflanzen, so dass es jetzt Mäuse gibt, die Rattensamen herstellen. Theoretisch könnten wir also auch Stammzellen eines Mannes auf seinen Goldfisch übertragen und seine Frau mit dem dann ein Kind zeugen lassen. Eine Schiege, eine Mischung aus Schaf und Ziege, wurde mit Hilfe der Gentechnik genauso hergestellt wie ein zwei Meter langes Schwein. Dass das Wachstum, der Muskelaufbau, ja möglicherweise sogar das Altern genetisch beeinflussbar wird, ist nur noch eine Frage der Zeit.

Die Befürworter sagen: Das ist doch alles wunderbar - Krankheiten können geheilt und Seuchen ausgerottet werden, es gibt keine Ernteverluste mehr, es werden Pflanzen entwickelt, die auch in der Wüste wachsen, Hungersnöte stillen und das Klima positiv beeinflussen. Lebensmittel bleiben länger frisch, die Lebensqualität steigt und die Lebensspanne wird verlängert.

Die Gegner sagen: Das ist alles äußerst gefährlich. Was wäre, wenn neue, stärkere Pflanzen die alten ausrotten und ein Öko-Chaos verursachen? Wenn ein Gen überspringt und plötzlich nicht nur der Mais, sondern auch die Schädlinge immer größer werden? Woher wissen wir, dass die genetische Veränderung nicht auch noch andere Folgen hat? Warum nehmen im Bäckerhandwerk die Allergien so zu, seit man dort genetisch veränderte Produkte verwendet? (Vielleicht ist Ihnen auch schon aufgefallen, dass einige Brotsorten in den letzten Jahren deutlich länger frisch sind als früher!) Vor allem aber sagen die Kritiker: Wir wissen einfach noch zu wenig. Beim Medikament Contergan dachte man ja auch, man wüsste, was man tut. Dem künstlich hergestellten Produkt lag zwar genau die gleiche Strukturformel wie dem Naturprodukt zugrunde, sie war aber leider spiegelverkehrt. Niemand hätte gedacht, dass ein so minimaler Unterschied gefährlich sein könnte. Welche grausamen Folgen dieser Leichtsinn hatte, ist bekannt.

Grundsätzlich bin ich überzeugt: Es geht bei der Gentechnik nicht nur um konkrete Anwendungsmöglichkeiten, auch die damit verbundenen Ideale müssen überdacht werden. Wer hinter den scheinbar grenzenlosen wissenschaftlichen Möglichkeiten die Frage nach den Motiven und Folgen verdrängt, handelt verantwortungslos. Die erste Entdeckung der Vererbungslehre führte ja konsequent und barbarisch zur Euthanasie-Politik des Dritten Reiches: »unwertes«, »minderwertiges« Leben wurde vernichtet, um dem angeblich Besseren Raum zu machen. Ein Hauch dieses Denkens schwebt immer noch in der Luft. Es bündelt sich für mich in der schwierigsten aller Fragen: »Wie sieht ein Ideal von Leben aus?«

Was ist Leben? Und was ist ein gelungenes Leben? Wenn ich es etwas vereinfacht ausdrücke, dann reduziert der Gentechniker den Begriff »Leben« auf zwei Aspekte: Gesundheit und Schönheit. Ziel der Forschung ist es, gesunde und schöne Dinge hervorzubringen. Das ist an sich nicht schlecht! Was aber passiert mit denen, die nicht gesund und nicht schön sind? Soziologen bestätigen, dass die gesellschaftliche Entwicklung das scheinbar Unvollkommene immer wieder verdrängt. Viele Menschen tun sich die unglaublichsten Dinge an, nur um ihre Fehler nicht sehen und eingestehen zu müssen: Sie machen Schlankheitskuren, die mittelalterlichen Folterungen gleichkommen. Sie verdrängen ihre Schwächen und lernen deshalb nicht, produktiv mit ihnen umzugehen.

Ich bin sicher, dass auch Sie Menschen kennen, die irgendetwas, manchmal sogar die ganze Welt hassen – aus einem einzigen Grund: weil sie etwas in sich selbst hassen. Wir halten uns oft einfach selbst nicht aus. Anstatt zu lernen, wie man mit Schwächen produktiv umgehen kann, bemühen wir uns, sie auszumerzen, obwohl wir genau wissen, dass uns das niemals gelingen wird! Gelungenes Leben gibt es nur da, wo ich aus Fehlern lerne; wo ich lerne, trotz meiner Fehler sinnerfüllt zu leben. Übrigens bestand darin auch die erfolgreichste Therapie Jesu: Wer schwach und krank ist, dem muss erst einmal gezeigt werden, dass er sich dafür nicht schämen muss. Aus einem neuen Selbstvertrauen wächst Gesundheit und Schönheit, nicht umgekehrt! Wenn Gentechnik dem Menschen suggeriert, dass nur das vollkommene Wesen lebenswert ist, dann richtet sie mehr Unheil als Heil an.

Was ist Leben? Und wo sind die Grenzen der Gentechnik? Drei Meter große Menschen, geklonte Zwölflinge, vorherbestimmbarer Grad der Musikalität – möglich ist alles! Aber wer entscheidet, wo die Grenzen liegen?

Schwerbehinderte Kinder dürfen heute abgetrieben werden, in einigen Ländern lassen Mütter abtreiben, wenn der Test ergibt, dass es ein Mädchen ist. Erlauben wir irgendwann Abtreibungen schon dann, wenn wir sehen, dass das Kind eine Stupsnase haben wird? Ab wie viel zu erwartenden Dioptrin würden Sie einen genetischen Eingriff zur Besserung der Sehkraft gestatten? Ich glaube, dass wir keine letzte ethische Antwort geben können: Jeder Eingriff kann – wie bei so vielen wissenschaftlichen Entdeckungen – Segen oder Fluch sein. Ob er Segen oder Fluch wird, hängt von unseren Idealen ab. Um die müssen wir uns kümmern. Ob wir dem Phantom der Vollkommenheit hinterherlaufen, die wir auch mit Gentechnik nie erreichen werden, oder ob wir zuerst klären, worin der Sinn und die Kraft unseres Lebens liegen, und dann sehen, wie die Medizin und die Biotechnik dabei helfen können.

Ich habe Sie am Anfang gefragt, was Sie an Ihrem Leben ändern wollten, wenn Sie die gentechnische Allmacht hätten. Dr. med. Wurst wird Ihnen dabei nicht helfen können, aber Sie könnten mal überlegen, wie Sie mit diesen Fehlern sinnvoll umgehen oder sie überwinden. Ich möchte Ihnen zum Schluss eine Geschichte erzählen, von einem, der tatsächlich die Möglichkeit der Wahl bekam: Freie Auswahl! Alles, was du willst, das bekommst du! Wie könnte es anders sein, die Geschichte steht in der Bibel *(1. Könige 3,5b.7b-13a):* »Und der Herr erschien Salomo im Traum des Nachts, und Gott sprach: ›Bitte, was ich dir geben soll!‹ (Toller Satz: Bitte, Gott, sag das mal zu mir!) Salomo sprach: ›Nun, Herr, mein Gott, du hast mich zum König gemacht über Israel . . .‹« *(lesen)*

Salomo hätte die Möglichkeit gehabt, sich all die Dinge zu erfüllen, die auch die Gentechnik verspricht: das Alter von Methusalem, Gesundheit, die abstrakte Schönheit von Arnold Schwarzenegger, die Begabung von Albert Einstein und alle Macht der Welt. Der eigentlich jetzt schon weise König erkennt aber, dass das alles nicht zählt, dass es im Leben erst einmal um viel wichtigere Dinge geht:

1. Um die Kraft und den Verstand, sein Leben anzunehmen. Salomo fürchtet sich in seiner Rolle als Herrscher. Was er braucht, sind nicht einzelne Fähigkeiten, sondern die Kraft und die Gabe, sich in dieser Rolle zurechtzufinden. Er wünscht sich deshalb nicht, ein anderer zu sein, sondern möchte in dem Leben, das er bekommen hat, gut sein. Und einer, der sich selbst liebt, hat auch keine Probleme, andere zu lieben.

2. Um die Kraft, ein gehorsames Herz zu haben. Dieser altmodische Ausdruck meint nichts anderes als »Gottes Liebe in allen Dingen erkennen«. Wer Gott als eigentlichen Herrn und Schöpfer über sich stellt, wird befreit von der trügerischen Sehnsucht nach anderen Eigenschaften, er weiß sich mit all seinen Fehlern von Gott gewollt und geliebt. Das lässt Leben gelingen.

Ich bin überzeugt, dass wir zuallererst die Frage nach uns selbst und nach dem Leben stellen müssen, bevor wir Gentechnik in die eine oder andere Richtung beurteilen. Und wir werden diese Fragen – Wer bin ich? und: Was ist mein Ideal von Leben? – nur beantworten können, wenn wir Gottes Liebe als Grundlage haben. Die wünsche ich Ihnen. Amen.

10. Musik

Einsammeln der Fürbitten und Gebetsanliegen.

Vortragslied »Bright eyes« (Art Garfunkel)

11. Kreuzverhör

Im Go-Special steht der Prediger Rede und Antwort. Während der Musik nach der Predigt können Fragen an den Prediger auf die dafür vorgesehenen Zetteln (s. S. 53) geschrieben werden, die mit den Gebetszetteln (s. S. 53) eingesammelt werden. Der Moderator nimmt den Prediger dann ins Kreuzverhör. Der Prediger soll in zehn Minuten so viele Fragen wie möglich beantworten und hat dabei pro Frage maximal eine Minute Zeit. (Überzieht er, ertönt ein Gong.)

12. Musik

13. Interview

- ◇ In einem Satz: Was sagen Sie zur Predigt?
- ◇ Man hört viel Ökologisches und viel Wissenschaftliches von der Gentechnik - was ist dabei denn die *theologische* Frage?
- ◇ »Tomaten mit Füßen« - darf man so etwas als Christ essen/verkaufen/herstellen?
- ◇ Wo sehen Sie die Chancen, wo die Gefahren bei der Gentechnik?
- ◇ Kann man die Chancen der Gentechnik nutzen, ohne die Gefahren in Kauf nehmen zu müssen?
- ◇ Wenn Sie bestimmen dürften, wo würden Sie die Grenzen bei der Gentechnik setzen?
- ◇ Friedrich Dürrenmatt hat einmal gesagt: »Was der Mensch einmal gedacht hat, kann er nicht wieder zurücknehmen.« Kann man eine wisssenschaftliche Entwicklung wie die Gentechnik auch in ihren negativen Konsequenzen überhaupt aufhalten?

14. Fürbitten

Es wird für die Anliegen auf den eingesammelten Zetteln von einem Team gebetet. Aus Zeitgründen können vielleicht nicht alle Gebete berücksichtigt werden.

Der Segen ist der Zuspruch Gottes, dass er in dem Maße spürbar mit den Teilnehmern sein will, wie sie sich auf sein Wort einlassen. Wer den Segen Gottes für ein spezielles Anliegen sucht, für den gibt es das Angebot der Einzelsegnung nach dem Gottesdienst.

15. Vaterunser

16. Segenslied

»Der Herr segne dich« (aus: Sag nur ein Wort)

17. Schlussmoderation, Ansagen

18. Musik

(Klaus Douglass, Fabian Vogt, Kai Scheunemann,
Kreativteam Nihö und Team)

Ihre Meinung ist gefragt!

Ihre Meinung ist uns wichtig. Daher freuen wir uns, wenn Sie uns eine Rückmeldung geben und diesen Fragebogen ausfüllen. Sie können ihn am Büchertisch abgeben oder in einen der Kollekteneimer werfen.

Wie gefiel Ihnen der heutige Go-Special?

	sehr gut	gut	okay	schlecht
Begrüßung am Eingang	☐	☐	☐	☐
Musik	☐	☐	☐	☐
Moderation	☐	☐	☐	☐
Theaterstück	☐	☐	☐	☐
Predigt	☐	☐	☐	☐
Kreuzverhör	☐	☐	☐	☐
Interview	☐	☐	☐	☐
Gebet	☐	☐	☐	☐
Atmosphäre	☐	☐	☐	☐

Durch den heutigen Go-Special haben Sie . . .

☐ über christlichen Glauben nachgedacht
☐ neues Interesse an Kirche bekommen
☐ Anstöße für Ihren Alltag erhalten
☐ kaum neue Impulse erhalten

Sind Sie heute das erste Mal bei Go-Special?

☐ ja ☐ nein

Wie haben Sie vom heutigen Go-Special erfahren?

☐ durch Bekannte
☐ durch Plakate oder Handzettel
☐ durch Radio oder Fernsehen
☐ durch Zeitung
☐ durch den Gemeindebrief »Andreas«

Sie besuchen »normale« Gottesdienste . . .

☐ öfters ☐ nur selten ☐ sonst nie

Sie wohnen . . .

☐ in Niederhöchstadt
im Umkreis von . . . ☐ 5 km
☐ 15 km
☐ mehr als 15 km

Sie sind . . .

☐ weiblich ☐ männlich

Verraten Sie uns Ihr Alter?

☐ unter 18	☐ 26 bis 35	☐ 46 bis 60
☐ 18 bis 25	☐ 36 bis 45	☐ über 60

Hier ist Platz für weitere Kommentare, Kritik, Anregungen

____

____

____

____

____

____

Sie möchten informiert werden über . . .

☐ Seminare (z.B. Glaubenskurse)
☐ Gesprächs-Kleingruppen (Hauskreise)
☐ Möglichkeiten, im Go-Special-Team mitzuarbeiten

Wenn Sie Informationen erhalten möchten, dann geben Sie bitte Ihre *Adresse* an:

Name: ______________________________

Straße: ______________________________

Ort: ______________________________

Tel.: ______________________________

6. Kaum Raum in der Herberge - Erster Advent

Thema:
Gott geht unter die Leute

Bibeltext:
Gott schützt Ausländer: 2. Mose 23,6 und 9; 5. Mose 5,12-15a; 24,21; 27,19; 3. Mose 19,33-34

Vorbereitung/Materialien:
- Tische und Stühle für Café-Ecke, Geschirr, Kaffee, Tee, Säfte usw., Kuchenbuffet, Tischschmuck
- Kinderspielgerät für Kinderecke, Bücher, Blätter, Stifte
- Stellwand für Ausstellung: Begegnung mit Flüchtlingen
- Stellwände für Fürbitten und Umfragen, Handzettel »Lichtblicke/Wo es dunkel ist«, Programme, Infos über Situation von Flüchtlingen und Begegnungsmöglichkeiten zwischen ihnen und Deutschen, Erdenbürger/innen-Ausweise-Namensschilder oder Erkennungssymbole für alle Mitarbeiter

Mitarbeiter:
- Presbyter (Pkt. 2)
- Moderator
- Mitarbeiter für Gespräche
- Mitarbeiter für Getränke- und Kuchenausgabe
- Mitarbeiter am Eingang
- Mitarbeiter für Kinderecke

1. Musik

2. Begrüßung und Eröffnung

(Presbyter bewegt sich mit Mikrofon von der Kirchenmitte allmählich nach vorn in den Altarraum und zieht so die Aufmerksamkeit der herumstehenden und -gehenden Leute auf sich.)

Stop and go in unserer Stiftskirche. Im Namen des Presbyteriums heiße ich alle herzlich willkommen! Ein Kommen und Gehen draußen in der Fußgängerzone auf dem Weihnachtsmarkt. Warum nicht auch hier im Herzen unserer Stadt! Eine Kirche macht aus dem Sonntag einen Tag der offenen Tür, bietet einen Rastplatz an zum Aufwärmen und Anfreunden, zum Hinsetzen und Zusammensetzen, zum Zuhören und Hinschauen. Ein Gottesdienst im Blickkontakt und Rederecht. Niemand kommt zu spät, niemand muss bleiben, alle sind willkommen. Im Advent sowieso, da kommt alles auf das Kommen an: Gott kommt, wir kommen - das trifft sich gut! Wir dürfen gespannt sein - grenzenlos, auch auf die Musik. (Musikgruppe begrüßen)

Beim Bummel durch unsere Kirche gibt es verschiedene Stationen: Draußen unterm Turm bietet unser »Haus für Kinder« Selbstgebasteltes an, dort hinten ist ein kleines Café, eine Spielecke für Kinder, im Foyer ein Büchertisch, hier vorn in der Taufkapelle können Sie sich ein bisschen vom Trubel absetzen und einen *Raum der Stille* haben. Wer Musik und Texte zum Advent hören und verstehen möchte, ist herzlich eingeladen, möglichst weit nach vorn zu kommen - die Sitzplätze sind gebührenfrei, wie auch Kaffee, Tee und Kuchen Ihnen selbstverständlich kostenlos angeboten werden.

Wenn Sie aber unsere Gottesdienst-Reihe STOP AND GO unterstützen wollen, dürfen Sie gern eine Spende in die Opferstöcke an den Ausgängen einwerfen. Vielen Dank!

Ein Wort noch zum Ablauf und zum Thema: In zwei Blöcken gibt es Musik von . . . (Name der Musikgruppe) und Texte zum Advent: *»Gott geht unter die Leute«* heißt unser Thema.

- Block 1: Gott geht - Gott geht unter
- Block 2: Gott geht unter die Leute

Dazwischen wird es Orgelmusik geben und in der Pause einen Interview-Teil.

All das ist auch anhand der ausgelegten weißen Programme nachzulesen und zu verfolgen.

Zwischendurch sind Sie alle eingeladen, Ihre »Lichtblicke« aufzuschreiben. Die Zettel erhalten Sie beim Hereinkommen. Niemand soll in diesem Advent ohne Lichtblick sein. Schreiben Sie auf, was für Sie »Lichtblicke« und »Dunkelheiten« sind. Im Fürbitten-Teil am Ende wollen wir das mit einbeziehen.

3. Lied

»Lass uns den Weg der Gerechtigkeit gehen« (aus: EG Anhang)

4. Lesung

Dein Christus ein Jude.
Dein Auto ein Japaner.
Deine Pizza italienisch.
Deine Demokratie griechisch.
Dein Kaffee brasilianisch.
Dein Urlaub türkisch.
Deine Zahlen arabisch.
Deine Schrift lateinisch.
Und dein Nachbar nur ein Ausländer?

(Verfasser unbekannt)

5. Vortragslied

»Meine engen Grenzen« (aus: Fib)

6. Hinführung zum Thema

Gott geht

Meine Damen und Herren: Es hat sich herumgesprochen, es ist kein Gerücht, es verdichtet sich bei manchen zur Gewissheit: Gott hat ein besonderes Kennzeichen, eine besondere Eigenschaft oder Leidenschaft, jedenfalls eine eigenartige Eigenart. Was haben wir ihm nicht schon alles nachgesagt: Er sei groß und mächtig, sogar allmächtig, er sei der Schöpfer und der Herr und der Hirte und der Einmalige. Man könne von ihm sagen, was man wolle, es wäre doch noch nicht alles oder gar das letzte Wort, weil er eben Gott ist, das stehe nun einmal felsenfest.

Und nun das. Diese Nachricht im Advent. Gott hat nicht nur Namen und Eigenschaften und Wesenszüge, Gott *macht* auch noch etwas nebenbei. Er hat eine Nebenbeschäftigung, ein Hobby besonderer Art, ziemlich anstrengend, aber gut für die Kondition jedenfalls: Gott ist ein Geher.

Gott geht. Er steht nicht nur davor und dahinter, schon gar nicht steht er dumm rum, er steht auch nicht immer nur dabei oder voll daneben, wie viele meinen. Er steht auch nicht nur auf, um sich hin- oder gar abzusetzen. Er steht auch nicht Schlange, bis er endlich bei uns drankommt. Nein – so viel steht fest: Gott geht. Mit keinem Kommentar kann das wegkommentiert werden, meine Damen und Herren. Es ist eine Adventsnachricht besonderer Art: Wir haben einen mitreisenden Gott, einen, der beweglich ist, unterwegs, auf Achse, entgegenkommend, umgänglich, draufzugehend, eingehend beschäftigt, sich zu bewegen.

Das ist ein wirklich unkalkulierbares Risiko. Viele Leute möchten Gott eigentlich ganz gern fest an einem Ort – am besten im Himmel, auf seinem Altersruhesitz Platz nehmen lassen. Er soll bei sich bleiben, sich hier heraushalten, gebührenden Abstand halten, bitteschön! Einen festgelegten und festgefahrenen und angewurzelten Gott, den könnte man besser abhängen und abhaken. Im Himmel unter Hausarrest, mit Ausgang am Sonntagmorgen bestenfalls. Ins Abseits gestellt, ins Leere laufen gelassen, konserviert und balsamiert fürs Museum, zum Vorzeigen am Heiligen Abend.

Denkste. Gott ist ein Umgänger, ein Nichtsesshafter, ein Umherstreunender, ein Dauerläufer, ein Fußgänger. Niemand weiß, ob er nicht im nächsten Moment um die Ecke kommt oder längst da war, da ist, oder war und längst gegangen, auf und davon. Niemand kann vor ihm sicher sein. Achtung, Autofahrer und Reisende, wo auch immer ihr seid: Es kommt euch womöglich Gott entgegen, überholen nützt jetzt gar nichts, auch nicht rechts, es ist nicht abzusehen, wann die Gefahr vorüber ist. Da haben wir nichts zu melden. Gott geht - das ist ein unveränderliches Kennzeichen.

Und wer etwas mit *ihm* erleben will, der muss sich selber auf die Beine machen, nur unterwegs werden wir ihn antreffen, im Gehen - aufeinander zu und zueinander hin. Wir können uns auf was gefasst machen: Gott geht.

7. Lesung

Ausländerrecht im Alten Testament (auswählen aus: 2. Mose 23,6 und 9; 5. Mose 5,12-15a; 5. Mose 24,21; 3. Mose 19,33-34; 5. Mose 27,19).

Jeder zweite ausländische Jugendliche in der Bundesrepublik gibt an, dass er sich hierzulande als »ungeliebter Gast« fühle, jeder vierte ist der Meinung, dass er unter Vorurteilen und Diskriminierung zu leiden habe.

Nur dreißig Prozent der befragten ausländischen Jugendlichen im Alter von fünfzehn bis zwanzig Jahren konnten einen bundesdeutschen Schulabschluss nachweisen. Bei den Jugendlichen ohne Schulabschluss hatten sogar neunzig Prozent keine Lehrstelle.

8. Lied

»Wo ein Mensch Vertrauen gibt« (aus: LL)

9. Moderation

Gott geht unter

Also, wenn Sie mich fragen, meine Damen und Herren, das war schon lange abzusehen, das hat sich nicht nur angedeutet, das ist seit Jahr und Tag unübersehbar: Gott geht unter bei uns! Gott geht unter – noch vor dem Weltuntergang.

Natürlich sieht es so aus, als ginge alles auch ohne ihn. Er wirkt so merkwürdig teilnahmslos. Krieg und Gewalt, wohin man schaut, Hunger und Elend, Unrecht und Eigensucht – Gott geht unter im Meer der Tränen und des Bluts, täglich neue Untergangsmeldungen.

Man hört auch kaum was von ihm. Seine Stimme dringt einfach nicht durch – bei der Beschallung im Supermarkt des Alltags, da hat Gott keine Töne mehr, da geht seine Stimme unter im Gewirr der Marktschreier. Gerade jetzt im Advent gibt es eine geradezu inflationäre Untergangsentwicklung. Gott geht sang- und klanglos im Lametta- und Lebkuchen-Allerlei unter. Das Kind in der Krippe erleidet den Erstickungstod unter all den Paketen. Gott geht unter – ohne Kommentar?

Von ihm wird sowieso fast nur noch in Negationen gesprochen. Was Gescheites fällt einem zu Gott nicht mehr ein. Nur wenn die »Tagesschau« läuft, sprechen wir mit vollem Mund: »Wenn es einen Gott gäbe, dann würde er das nicht zulassen!« Dabei haben wir doch einmal gelernt, dass man mit vollem Mund nicht sprechen soll. Der Untergang Gottes, sein Wegtauchen aus unserem Denken und Handeln – das wird alltäglich mit den Schreckensmeldungen besiegelt, so als sei er daran schuld.

Wenn wir uns da nur nicht gewaltig geirrt haben! Irren ist ja bekanntlich menschlich – und mir scheint: Nie waren wir so menschlich wie heute.

Wie kann das sein, dass jemand die Verkehrsordnung unbeachtet lässt und dann für den Unfall den Autohersteller verantwortlich macht? Wie kann das sein, dass jemand sein eigenes Haus anzündet und der Feuerwehr die Schuld gibt? Wie kann das sein, dass jemand das Licht ausmacht und ärgerlich reagiert, wenn er in der Dunkelheit stolpert? Jemand meldet sein Telefon ab und beklagt sich dann, dass niemand mehr anruft.

So erklären wir Gott zum Auslaufmodell, zum ohnmächtigen Versager, der uns doch eigentlich das Glück schuldig ist, der liebe Gott.

Gott geht unter - so jedenfalls. Tun wir was dagegen. Wir können doch die Adventszeit nicht einfach denen überlassen, die feiern und nicht wissen, was sie tun. Totgesagte leben länger. Wenn dies Sprichwort jemals gegolten hat, dann für den totgesagten Gott. Gott kann nur solange bei uns untergehen, wie uns die Gottlosigkeit über alles geht. Untergangsstimmung im Advent - das kann nicht so bleiben. Es gibt viel zu tun - sprechen wir's an!

10. Lied

»Unfriede herrscht auf der Erde« (aus: LL)

11. Moderation

Gott geht unter die Leute

Mit der Meldung hätten Sie wohl nicht gerechnet. Von wegen: untergehen. Gott geht nicht unter, er geht unter die Leute. Das ist es! Man sieht und findet ihn so schlecht, weil er mittendrin dabei ist und mitmischt, sich einmischt, inkognito, unerkannt, ohne Bodyguard und roten Teppich, nicht für die »Oberen Zehntausend« reserviert, keine geschlossene Adventsgesellschaft mit beschränkter Haftung!

Wegen Einmischung in die Weltinnenpolitik macht Gott von sich reden. Er ist nicht menschenscheu, nicht »watching us from a distance«. Er kann unseren Stallgeruch riechen, trotz allem Mist, den wir machen, und er zögert keinen Moment, sich die Hände schmutzig zu machen. Er mischt sich drunter und drüber, und wenn sie ihn dabei auch aufs Kreuz legen!

Also: Wenn Sie Gott suchen, müssen Sie unter die Leute gehen. Da ist er, da geht er, verkleidet womöglich als einer, dem Sie eigentlich gar nicht so nahekommen wollten, wenn er's nicht wäre. Aber das ist gar nicht so eindeutig. Man weiß nie, ob er's nicht doch ist, ob er nicht doch gerade eben unter die Leute geht. Er arbeitet nämlich mit allen Tricks.

Einen will ich Ihnen verraten, einen kennen Sie womöglich schon selbst. *Leo Tolstoi* erzählt dazu eine tolle Geschichte: Ein König will unbedingt Gott kennen lernen. Überall sucht er nach einem Gesprächspartner, der ihm weiterhelfen kann. Kluge Leute sind ihm keine Hilfe. Er trifft schließlich einen armen Hirten. Der macht mit ihm einen Schnellkurs in Sachen »Glauben« *(ähnlich nachzulesen bei: H. Gerlach: Salz zum Würzen, Marburg 1983, S. 16):*

»Es gab einmal einen König, der unbedingt Gott sehen wollte. Aber keiner wollte ihm diesen Wunsch erfüllen. Schließlich bot sich ein Hirte an, dem König den Wunsch zu erfüllen. ›Gut‹, entgegnete der König, ›aber bedenke, es geht um deinen Kopf.‹ Der Hirte führte den König ins Freie und ließ ihn in die Sonne blicken. Aber der Glanz blendete den König, er senkte den Kopf und schloss die Augen: ›Willst du, dass ich erblinde?‹, fragte der König. ›Aber, Herr König, das ist doch nur ein Ding der Schöpfung, ein schwacher Abglanz von der Größe Gottes, ein kleines Fünkchen eines flammenden Feuers. Wie willst du mit deinen schwachen, tränenden Augen Gott sehen? Suche ihn mit anderen Augen!‹

Dieser Einfall gefiel dem König. Aber er bohrte mit seinen Fragen noch weiter. Er sagte: ›Sag mir, was war vor Gott?‹ Nach einigem Nachdenken sagte der Hirte: ›Seid nicht zornig, Herr König, aber bitte zählt . . .‹ Der König begann: ›Eins, zwei . . .‹. ›Nein‹, unterbrach ihn der Hirte, ›nicht so, fangt mit dem an, was vor eins kommt!‹

›Wie kann ich denn? Vor eins gibt es doch nichts.‹ ›Sehr weise gesprochen, Herr. Auch vor Gott gibt es nichts.‹ Der König staunte über die Klugheit des Hirten und sagte: ›Ich will dich reich beschenken, wenn du mir auch die dritte Frage beantwortest. Was macht Gott?‹

Der Hirte sah, dass des Königs Herz schon weich geworden war. ›Gut‹, antwortete der Hirte, ›dann lass uns für eine kurze Zeit die Kleider tauschen.‹ Die beiden tauschten die Kleider. Dann sprach der Hirte: ›Das macht Gott: Er steigt vom Thron seiner Erhabenheit und wird einer von uns. Er gibt uns, was er hat, und nimmt das an, was wir haben und sind.‹«

So macht Gott das. Er zieht sich unseren Schuh an. Anziehend wirkt er, verkleidet aber auch. Also schauen Sie sich gut um. Gott geht herum, ab sofort könnte es sein, und auch schon gestern und vorgestern war das so: Bei jedem Dahergelaufenen müssen Sie bedenken, dass nicht nur er es ist, der da kommt. Die geringsten Schwestern und Brüder bringen ihn mit. Das ist das wirklich einmalig Neue am christlichen Glauben: Gott ist nicht hoch da oben, sondern eine Handbreit neben Ihnen.

Andere Religionen zeigen vor allem den himmelweiten Unterschied und Abstand zwischen Gott und der Welt. Mit Jesus Christus aber kommt der Himmel auf die Erde, berühren sich Zeit und Ewigkeit. Das ist erfreulich und bedrohlich zugleich, unheimlich ist das. Eine heilige Beunruhigung ist angesagt. Mich wundert nur, dass alle Leute, vor allem auch die in der Kirche, so merkwürdig gelassen sind, so gelassen, dass sie sich fast alles egal sein lassen.

Mir sind die Christen viel zu wenig unruhig und aufgeregt und angeregt, wo doch Gott höchstpersönlich mitten in unseren Verhältnissen anwesend ist, vor und hinter der Kirchentür.

Adventszeit, meine lieben Damen und Herren, Adventszeit ist die Zeit der heiligen Beunruhigung. Gott unter den Leuten - das muss doch Folgen haben. Was muss das für ein Umgang mit den Schwachen und Unliebsamen bedeuten! Wir haben es nämlich nicht nur mit schwierigen Existenzen zu tun, sondern mit dem, der diese schwierigen Existenzen seine Brüder und Schwestern nennt. Auch die in Abschiebehaft hinter Gitter gesteckten abgelehnten Asylbewerber - vor allem die, die nie straffällig geworden, sondern einfach nur hier sind.

Auch die an meiner Haustür Tag für Tag bettelnden Stadtstreicher, auch die wegrationalisierten Arbeitskräfte, auch die an Leib und Seele vergewaltigten Frauen, auch die vergessenen, abgeschobenen, vereinsamten alten Menschen, auch die in den Teufelskreis von Versagen und Versündigen Geratenen, auch die in Abhängigkeit von Alkohol und anderen Süchten und Sehnsüchten, auch die aus der sogenannten Dritten Welt flüchtenden so genannten Wirtschaftsflüchtlinge, die einfach vor dem Hunger und der Armut weggelaufen sind.

Da kann es uns nicht mehr egal sein, dass in den Kriegen der letzten Jahre bei weitem mehr Kinder als Soldaten umgekommen sind. Wenn Gott mitten unter den Leuten ist, dann leidet und hungert und friert und bettelt und verzweifelt er mit - jeden Tag und jede Nacht.

Wenn Jesus sich das Leiden der schwächsten Brüder und Schwestern zu eigen macht, dann tun wir nicht nur einander allerhand an, sondern immer auch ihm selbst. Was ihr ihnen getan habt, das habt ihr mir getan (Matthäus 25,40)! Das ist die eigentliche, allererste, allgemeine Verunsicherung im Advent. Wer jetzt nicht unruhig ist, der hat Advent verpennt, bevor die erste Kerze brennt.

12. Aktion

Stop and go am ersten Advent - mehr als Sie erwarten. Jetzt erwartet Sie eine kurze Pause. Zuvor aber noch ein paar wichtige Hinweise:

Beim Hereinkommen haben Sie von unserem freundlichen Tür-Team eine »Eintrittskarte« bekommen: *Lichtblicke* oder *Wo es dunkel ist.*

Auf diesen Denkzetteln sammeln wir Fürbitten, also das, was Sie an Dank und an Bitten dalassen und einbringen wollen. Heften Sie sie bitte an die Pinnwand an der Seite *(zeigen).* Am Ende des Gottesdienstes werden diese Anliegen von uns im Gebet vor Gott ausgesprochen.

Wenn Sie sonst etwas äußern wollen, zu dem, was Sie hier gehört und gesehen haben, können Sie das am Eingang loswerden. Dort finden Sie eine Stellwand mit der Aufschrift: IHRE MEINUNG IST UNS WICHTIG!

Leute, die wieder gehen, bekommen heute etwas von uns geschenkt. Sie erhalten sozusagen eine neue Identität. Wir stellen Ihnen einen neuen Pass aus: Den *Erdenbürger/innen-Ausweis.* Er stempelt Sie nicht ab, sondern macht Sie zu einer »Very Important Person«. Er gilt bis in Ewigkeit und weist Sie als Mitglied der EINE-WELT-SCHÖPFUNG GOTTES aus. Sie brauchen nur noch Ihren Namen einzutragen und zu unterschreiben, und schon haben Sie eine neue Identität. Unter den dort genannten Lebensbereichen, für die dieser Ausweis gilt, heißt es unter Frieden:

Jede/r Inhaber/in dieses Ausweises ist mitverantwortlich für den Frieden - in den nahen Bereichen . . . seines/ihres Lebens. Diese

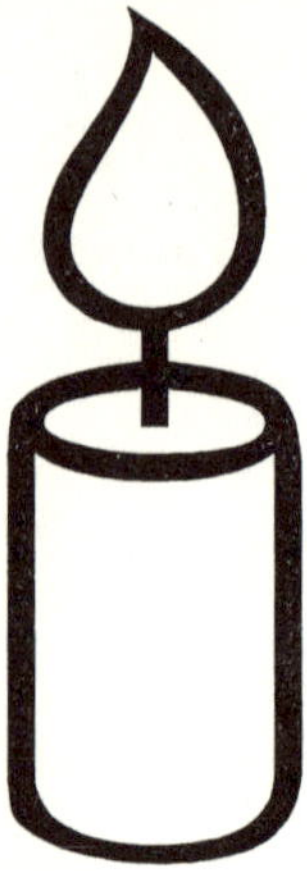

LICHTBLICKE

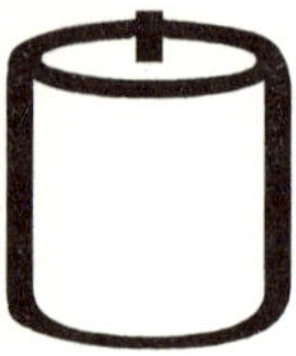

WO ES DUNKEL IST

Verantwortung beschränkt sich nicht auf Stillhalten, sondern erfordert den Einsatz aller mir von Gott geschenkten Gaben und Möglichkeiten.

Auf der Rückseite steht:

Wo ihr einander Herberge gebt,
bleibt Gott nicht obdachlos.

Es gibt Raum in der Herberge, wenn wir uns füreinander öffnen. Dieser Ausweis soll ein Anstoß sein, mehr als ein Souvenir jedenfalls.

Jetzt machen wir eine kurze Pause, denn die haben wir uns verdient . . . *Stop and go* am ersten Advent. Es kommt noch was. Bleiben Sie dabei und tanken Sie auf . . . fünf Minuten lang.

– P A U S E –

12. Musik

13. Anmoderation Block II

Wo ihr einander Zuflucht gebt,
bleibt Gott nicht auf der Flucht.
Wo Heimat keine Grenzen zieht,
seid ihr in Gott zu Haus . . .

Mit diesen Worten des neuen *Erdenbürger/innen-Ausweises,* den wir heute an alle aushändigen, grüße ich Sie zum zweiten Teil unseres heutigen *Stop and go*-Gottesdienstes.

Kaum Raum in der Herberge. Zu diesem Thema haben wir schon viel gehört. Texte und Beiträge von der Initiative . . . *(evtl. örtliche Gruppe nennen, die Texte über Ausländer und Flüchtlinge beigetragen hat – Pkt. 7);* Lieder von *(Musikgruppe).* Wir hatten schon ein dichtes Programm.

Stop and go mit dem besonderen Warming-up-Programm dieses Sonntags. Wir wollen, dass Sie gern wiederkommen. Wir haben den Kirchenschlaf abgeschafft. *Stop and go* ist was für aufgeweckte Leute. Sie sollen sich äußern und erinnern. Halten Sie Ihre Fürbitten oder Ihre Meinung nicht zurück.

Wo man geht und steht, nichts mehr und nichts weniger als eine Raumfrage, steht auf dem Programm. Kein Raum. Kaum Raum. Zu wenig Raum in der Herberge. *Stop and go.* Wir erweitern die Horizonte. Kirchgänger werden zu Draufgängern – um Gottes Willen . . . Wenn nicht jetzt, wann dann?

Wo Gott wohnt

Wo ihr einander Herberge gebt, bleibt Gott nicht obdachlos.
Wo ihr einander Herberge seid, kann Gott in euer Haus, kann Gott in euer Haus.

Wo ihr einander Zuflucht gebt, bleibt Gott nicht auf der Flucht.
Wo ihr einander Zuflucht seid, kann Gott in euer Haus, kann Gott in euer Haus.

Wo Heimat keine Grenzen zieht, seid ihr in Gott zu Haus.
Wo ihr der Liebe Heimat gebt, beginnt das Paradies, beginnt das Paradies! J. P.

EINE WELT-
SCHÖPFUNG
GOTTES

**ERDENBÜRGER/
INNEN-
AUSWEIS**

Serie (A) Nr. . . .

Name: ____________________

Vorname: ________________

Tag u. Ort der Geburt:

____

____

Wohnort:

____

____

Gott macht uns

(Unterschrift des Inhabers/ der Inhaberin)

zu seinem Bild!

Ausgestellt anlässlich

STOP & GO

Gültig *von Geburt*

bis *in Ewigkeit*

STEMPEL

Lebensbereiche, die dieser Ausweis betrifft:

A

GERECHTIGKEIT:
Jeder Mensch, ohne Ansehen des Geschlechts, des Alters, der Hautfarbe oder sonstiger Besonderheiten, hat als geliebtes Geschöpf das Recht auf seinen Platz in dieser Welt und auf seinen Anteil an allen Gütern, die Gott den Menschen bereitgestellt hat.
Jede/r Ausweisinhaber/in ist zur Erlangung dieser Rechte auf die Solidarität seiner/ihrer Mitmenschen angewiesen und gleichzeitig für sie mitverantwortlich.

B

FRIEDEN:
Jede/r Inhaber/in dieses Ausweises ist mitverantwortlich für den Frieden – in den nahen Bereichen (Familienleben, Freundes- und Bekanntenkreis, Berufsleben und Freizeitverhalten) wie in den weiteren (Zusammenleben mit den Bewohnern des Landes, in dem sie leben, ganz gleich, welche Sprache sie sprechen oder welche kulturellen Formen sie leben) und auch in den entferntesten Bereichen (»Weltfrieden«) seines/ihres Lebens.
Diese Verantwortung beschränkt sich nicht auf Stillhalten, sondern erfordert den Einsatz aller ihm/ihr von Gott geschenkten Gaben und Möglichkeiten.

C

BEWAHRUNG DER SCHÖPFUNG:
Wir Menschen stehen den anderen Geschöpfen Gottes nicht als Besitzer oder Herrscher gegenüber. Jeder unverantwortliche Eingriff in unsere Mitwelt kehrt sich gegen uns und unsere Kinder. Wir brauchen die Ideen und das Engagement aller, um dem Schöpfungsauftrag Gottes, seine Welt zu bebauen und zu bewahren, gerecht zu werden. L. L.

14. Lesung

Gleichberechtigung

In einem Satz wohnten zu einer bestimmten Zeit einige Wörter, ganz so, wie etwa Menschen in einer Straße wohnen. Also, in einer solchen Satzstraße wohnten etliche Wörter. Ich erinnere mich noch genau an den Satz:

»Bei uns herrscht Frieden.« Es war ein wunderbarer Satz, und jedes Wort war glücklich, dass es zu dem ganzen Satz beitragen konnte. »Bei«, sagte zu den anderen: »Können wir nicht froh sein, dass wir miteinander leben?« Und »Uns« sagte zu seinen Freunden: »Ich bin froh, dass ich alles zusammenfüge.« So ging es auch den Übrigen, und sie bildeten eine richtige Gemeinschaft.

Eines Tages kamen zwei neue Wörter. Sie kamen von weit her und hießen »for ever«. »Igittigitt«, sagten die Einheimischen, »das sind ja fremde Wörter, die sind ja reineweg Fremdwörter.«

»Die riechen schon so komisch«, sagte »Frieden«. »Die sehen auch so anders aus«, sagte »Bei«. »Die können wir nicht brauchen«, sagte »Uns«. »Wir müssen sie höflich, aber bestimmt verabschieden«, meinte »Herrscht«.

So taten sie sich zusammen und versuchten, den beiden Fremden klarzumachen, dass sie hier nichts zu suchen hätten. »Wissen Sie, bei uns ist jede Stelle im Satz besetzt. Und außerdem kann Sie ja niemand verstehen. Und schließlich und überhaupt haben Fremdwörter hier nun wirklich nichts zu suchen. Verstehen Sie bitte recht, es ist kein böser Wille, aber . . .«

Und während sie noch so scheinheilig argumentierten und dabei ihre Plätze verließen, huschten andere Wörter an ihre Stelle: In die Wohnung von »Bei« zog »Gegen«, in das Appartement von »Uns« zog »Alle«, in das Zimmer von »Herrscht« zog sein Großvater »Wütete«, und in das Haus von »Frieden« hielt »Hass« Einzug. Ehe sich die Einheimischen richtig besinnen konnten, war aus ihrer Satzstraße eine fürchterliche Fratze geworden: »Gegen alle wütet Hass!«

Da weinten sie und erkannten, wie schön es gewesen wäre, wenn sie die Fremdwörter aufgenommen hätten: »Bei uns herrscht Frieden, for ever.« Nun war es zu spät, und seit diesem Ereignis wohnen sie nur noch zur Untermiete, jederzeit kündbar.

15. Lied

»Hevenu schalom alejchem« (aus: EG)

16. Lesung

Konjugation der Hoffnung

Ich hoffe, du hoffst, er, sie, es hofft,
wir hoffen, ihr hofft, sie hoffen.
Hoffentlich
hoffe ich, hoffst du, hofft er, sie, es,
hoffen wir, hofft ihr, hoffen sie.
Nur nicht die Hoffnung verlieren!
Ohne Hoffnung ist der Regenbogen
über den herabstürzenden
Bach des Lebens.
Wo nehmen wir bloß die Hoffnung her?
Aus Katalogen?
Bestellen, kaufen auf Raten?
Wohl kaum –
Hoffnung braucht einen Grund.
Wo nehmen wir bloß den Grund für die
Hoffnung her?

Ich, du, er, sie, es,
wir, ihr, sie,
alle.
Eine Antwort bitteschön erwarte ich.
Zumindest heute einmal
erhoffe ich mir für euch und uns,
für uns alle mindestens eine Antwort.
Die Hoffnung muss sich konjugieren lassen
in jede Person,
Einzahl oder Mehrzahl,
in Präsens und Futur,
in Gegenwart und Zukunft.

Herr, wir hoffen auf dich,
lass uns nicht leer ausgehen.
Amen.

Peter Spangenberg
(Der Stein der tanzenden Fische)

17. Lied

»Damit aus Fremden Freunde werden« (aus: LL)

18. Lesung

Beispiele aus der örtlichen Flüchtlingsarbeit *(nach Pro Asyl, November 1995):*

Zwei Jahre lang war Frau I. Präsidentin der Müttersektion der P.D.S.C., einer Oppositionspartei im Zaire. Sie organisierte Versammlungen und Demonstrationen. Nach einer gegen den Diktator Mobutu gerichteten Demonstration wurde sie im Oktober 1994 verhaftet und ins Gefängnis der Sicherheitspolizei gebracht. Ihr Mann wurde ermordet. Frau I. erzählt:

»Dann schlugen sie mich, bis ich ohnmächtig wurde. Sie gossen mir Wasser ins Gesicht, damit ich aufwachte, und warfen mich in einen Raum, wo schon andere Frauen waren. Am nächsten Morgen waren wir nur noch zehn – drei Frauen hatten die Soldaten umgebracht. Wir wurden geschlagen und vergewaltigt.«

Frau I. gelang unter großen Schwierigkeiten die Flucht nach Deutschland. Im Dezember 1994 wurde sie in Freiburg angehört. Der Übersetzer war ein Zairer, die Beamten des Bundesamtes allesamt Männer. Ihr Asylantrag wurde abgelehnt, weil sie nichts sagte. Die Scheu, die Demütigung offen zu legen, war zu groß. Am Ende des Asylverfahrens drohte ihr die Abschiebung. Durch öffentliche Proteste von engagierten Bürgerinnen und Bürgern, von Pro

Asyl wie auch von Großorganisationen wie dem Deutschen Gewerkschaftsbund wurde erreicht, dass sie aus der Abschiebehaft entlassen wurde. Doch Asyl hat sie noch lange nicht. Frauenspezifische Fluchtgründe, wie zum Beispiel Vergewaltigung, zählen bisher nicht im Asylverfahren. Zwar setzte sich die Bundesregierung bei der Weltfrauenkonferenz in China für den Schutz der Menschenrechte von Frauen ein. Die Opfer solcher Menschenrechtsverletzungen werden jedoch in Deutschland bisher nicht geschützt. Eine breite öffentliche Unterstützung ist nötig, um eine Änderung dieser Praxis zu erreichen.

Ein anderes Schicksal:

Am 19. August 1993 landet mit dem Flugzeug aus Griechenland kommend die syrisch-orthodoxe Christin Esther *(Name aus Sicherheitsgründen geändert)* am Frankfurter Flughafen. Sie flieht aus dem Irak über das Gebirge in die Türkei, von dort nach Griechenland. Dort steigt sie in das nächste Flugzeug und fliegt nach Deutschland.

Die Gründe für ihre Flucht sind schwerwiegend: Sie sollte für das Regime Arbeitskollegen ausspionieren. Esther weigert sich. Die Konsequenz: Sie wird vorsätzlich mit dem Auto angefahren und als sie sich nach dem Krankenhausaufenthalt immer noch weigert, kommen die Schergen des Regimes zu ihrem Elternhaus. Sie schlagen und treten die Eltern vor ihren Augen zusammen. Als Esther dazwischengehen will, wird auch sie verprügelt. Man versucht, sie sexuell zu missbrauchen. Als eine Nachbarin Alarm schlägt, lassen die Eindringlinge ab. Beide Eltern sterben an den Folgen ihrer Verletzungen, Esther flieht Hals über Kopf.

Doch nach dem Willen der Mehrheit unserer Politiker soll sie kein Asyl in Deutschland erhalten. Nicht mehr der Grund für die Flucht zählt, sondern nur noch der Fluchtweg. Und wer über einen angeblich »sicheren Drittstaat« einreist, soll dorthin zurück. Griechenland aber ist für sie nicht sicher. Griechenland wendet seinerseits eine ähnliche Drittstaatenregelung wie die Bundesrepublik an. Ihr droht die Abschiebung in die Türkei. Doch die Türkei gewährt grundsätzlich nur Flüchtlingen aus europäischen Ländern Asyl. Die Kettenabschiebung bis in den Verfolgerstaat Irak droht.

19. Lied

»Lass uns in deinem Namen, Herr« (aus: LL)

20. Lesung

Ich habe keine Vorurteile

Ich habe keine Lust,
in der Schule neben Kelim zu sitzen.
Kelim stinkt.

Ich habe keine Lust,
mit Giovanni zusammenzuarbeiten.
Giovanni ist faul.

Ich habe keine Lust,
in einem Wohnblock mit den Loussas zu wohnen.
Die haben zu viele Kinder.

Ich habe keine Lust,
in einer Straße mit den Pakistani zu leben.
Man ist da nach 11 Uhr abends nicht mehr sicher.

Allerdings möchte ich eins noch betonen:
Ich habe keine Vorurteile.
Ich habe nichts gegen Ausländer.
Warum auch.
Die müssen doch auch leben.
Allerdings nicht unbedingt
in meiner nächsten Umgebung.

21. Lied

»Was ihr dem geringsten Menschen tut« (aus: LL)

22. Lesung

Komm in unsre stolze Welt (Hans Graf von Lehndorff, aus: EG)

23. Lied

»So ist Versöhnung« (aus: LL)

24. Lesung

Tatsachen (Hanns Dieter Hüsch aus: Das Schwere leicht gesagt, tvd-Verlag, Düsseldorf 1992)

25. Lied

»Glauben heißt wissen, es tagt« (aus: LL)

26. Fürbitten

27. Vaterunser

28. Lied

»Herr, gib mir Mut zum Brückenbauen« (aus: EG Anhang)

29. Segen

(Ludwig Burgdörfer und Team)

Projektbeschreibung

Konzeption

STOP AND GO: Bei diesem zwei- bis zweieinhalbstündigen Geschehen ist es zunächst anders als bei einem herkömmlichen Gottesdienst. Wir wollen die Leute mit der verblüffenden Erfahrung überraschen, dass Gottesdienst ganz anders sein kann. Niemand muss rechtzeitig da sein! Niemand muss bis zum Schluss bleiben! Niemand muss stillsitzen!

Kommen und gehen ist möglich, umhergehen und sprechen sind erlaubt. Alle bestimmen für sich, wie und wie lange sie dabeibleiben wollen. Gottesdienstbesucher werden als *Gäste* angesehen. Das bedeutet: Sie werden beim Hereinkommen freundlich begrüßt. Sie bekommen Informationen und Programmhinweise, mündlich und schriftlich.

Wir bieten ihnen – wie es sich für Gastgeber gehört – auch etwas zu essen und zu trinken an. Café und Kommunikation, spielen und für sich sein, zuhören und mitmachen – alles ist möglich, je nach eigener Lust und Laune. Ein *Raum der Stille* (Taufkapelle) bietet eine völlige Rückzugsmöglichkeit. Kinder sind willkommen! Die Musik ist erfrischend anders und die Texte zum Teil auch. Dennoch sind die Grundelemente eines normalen Predigtgottesdienstes immer vorhanden:

- Was wir »machen«, tun wir *in Gottes Namen.*
- *Biblische Bezüge* zum jeweiligen Thema werden hergestellt.
- Auch bei der modernen Musik handelt es sich vor allem um *geistliche Lieder.*
- Die Summe der Textbeiträge steht für die *Predigt.*
- *Fürbitten und Vaterunser* sind elementare Bestandteile.
- Ein *Segen* als Wort auf den Weg steht immer am Ende.

STOP AND GO ist für eine größere Kirche in einer Fußgängerzone oder im Innenstadtbereich maßgeschneidert (bei uns sonntagsnachmittags). Das bedeutet aber nicht, dass die Idee auf dem so genannten flachen Land nicht umsetzbar wäre. Im Gegenteil: Von dort habe ich sie mitgebracht. Als Gemeindepfarrer in einer Dorfgemeinde habe ich »Gottesdienste für Langschläfer« am Sonntagnachmittag angeboten – mit ganz ähnlichen Elementen. Das heißt auch dort, wo es nicht so viele Passanten gibt, kann STOP AND GO passieren, unter anderem Namen, womöglich für eine andere Zielgruppe. Probieren geht über kopieren!

Struktur

Die einzelnen Textbeiträge müssen unbedingt sehr kurz sein! Wir brauchen gute Musik. Text- und Musikbeiträge wechseln sich in kurzer Folge ab. Es gibt zwei Blöcke, die jeweils etwa 25 Minuten dauern.

Vor jedem Block erfolgt eine Anmoderation, möglichst durch einen Vertreter des Presbyteriums. So ist es immer wieder neu möglich, einzusteigen und Bescheid zu wissen, was hier heute läuft. Die anderen Texte und Beiträge werden vom Team übernommen. Jeder Block muss inhaltlich so angelegt sein, dass bei den meist kurzen Besuchsintervallen der Leute trotzdem ein Gesamteindruck entstehen kann. Deshalb muss in jedem Block eine gesunde Mischung aus Problematisieren, Sensibilisieren und Lösungsvorschlägen angestrebt werden.

Es ist eine wichtige und äußerst kreative Vorbereitung, wenn alle Teamer selber auf die Suche nach passenden Texten zu bestimmten Themen gehen, und diese - falls sie verwendet werden - auch selber vortragen.

Wenn das Team groß genug ist (mindestens 10 bis 15 Personen), muss niemand non stop dasselbe tun, sondern ist auch einmal frei für Begegnung und Gespräch. Denn anders als im traditionellen Gottesdienst besteht hier die Möglichkeit, sich während des laufenden Programms zu unterhalten und auszutauschen. Deshalb sollen Teamer auch eine grundsätzliche Gesprächsbereitschaft mitbringen und für Besucher und Besucherinnen aufmerksam sein, die womöglich erstmals (wieder) Kontakt suchen.

Partner

Es hat sich bei uns als Chance und Bereicherung erwiesen, mit anderen - auch außerkirchlichen - sozial engagierten Gruppen den Kontakt zu suchen und einen STOP AND GO-Gottesdienst gemeinsam zu gestalten. Dies bringt uns mit anderen Leuten in Kontakt und kann zu einer besseren Verständigung führen. Darüber hinaus kommen wir zu einer Erweiterung unseres kirchlichen Horizonts. Umgekehrt werden auf diesem Weg Vorbehalte uns gegenüber abgebaut, und es kommt zu einer Berührung mit Kirche für Kreise, die ansonsten weniger kirchlich orientiert arbeiten. Auch der Besuch des Gottesdienstes wird dadurch erkennbar bunter.

Arbeiten wir also zu einem bestimmten Thema mit einer anderen Gruppe zusammen, so ist die Vorbereitungsphase auf der Grundlage der vorliegenden Konzeption gemeinsam zu bestreiten. Dabei ist es für unsere Partner wichtig zu wissen, dass es sich bei der gemeinsamen Veranstaltung um einen *Gottesdienst* handelt, bei dem sie zu einem bestimmten Thema ihre Kompetenz einbringen und engagiert Stellung beziehen sollen. Andererseits darf es keine Selbstdarstellung werden, sondern integrativer Bestandteil des gemeinsamen gottesdienstlichen Geschehens.

Im Vorfeld sind darum mehrere Vorgespräche unabdingbar, an denen zwei bis drei Personen der beteiligten Partner - auch der Musiker - teilnehmen sollen. Wichtig ist für ein Team, dass es ab und zu auch Gottesdienste *ohne* Partner gestaltet, um sich wieder selbst zu finden.

Musik und Aktion

Die Musik ist ein grundlegender Faktor unseres Konzeptes. Sie muss absolut ansprechend, wohltuend anders und durchaus professionell sein. Deshalb sind wir permanent auf der Suche nach Bands, Chören und Gruppen, deren Musik nach Stil und Inhalt zur Konzeption passt.

In gemeinsamer Absprache mit dem STOP AND GO-Team wird der gesamte Ablauf einschließlich der Musikbeiträge erarbeitet. Das bedeutet, dass die jeweilige Musikgruppe uns frühzeitig, das heißt etwa drei Wochen vor dem Gottesdienst, eine Liste ihrer geplanten Beiträge zuschickt, womöglich mit Texten, so dass wir unter dem gemeinsamen Thema auswählen und die Reihenfolge in Korrespondenz mit den Texten festlegen können.

Sinnvoll ist die Teilnahme mindestens eines Vertreters der Gruppe bei der Vorbesprechung. Notwendig ist eine vorherige Ortsbesichtigung, so dass die Platzierung und andere technische Einzelheiten besprochen werden können. Es hat sich bewährt, dass beteiligte Musikgruppen den STOP AND GO-Gottesdienst besuchen, der vor ihrem Termin liegt, um sich einen Eindruck zu verschaffen. Besonders wichtig für den Ablauf ist es, dass die Musik eine menschenfreundliche Lautstärke einhält, die in der Kommunikationsecke der Kirche noch Gespräche ermöglicht. Unter Umständen ist es nötig, dies zwischendurch immer wieder einmal zu korrigieren.

Zu beachten ist, dass es ein oder zwei Themen-Lieder geben soll, die im Programmblatt abgedruckt sind und so von den Leuten mitgesungen werden können. In jedem Block sollen diese Lieder mindestens einmal vorkommen.

Sinnvoll ist, wenn es neben Hören und Mitsingen für die Passanten des Gottesdienstes auch möglich ist, sich in irgendeiner Weise bei einer Aktion zu beteiligen und sich zu äußern: Fürbitten aufschreiben, Proteste anmelden, Statements abgeben, Interviews geben, Anspiele mitmachen, Aktionen wagen (zum Beispiel Rollstuhl-Probefahren). Diese Aktion wird während des Gottesdienstes immer wieder neu anmoderiert, so dass die Besucher, die später gekommen sind, wissen, worum es geht. Der Gottesdienst wird für sie nicht zu einem rätselhaften Spektakel, sondern zu einem erlebnisorientierten Raumangebot.

Die Fürbitten werden grundsätzlich während des Gottesdienstes auf vorbereitete Handzettel geschrieben (»Wunschzettel« oder »Lichtblicke/Dunkelheiten« o.ä.) und an eine große Pinnwand gehängt. Das STOP AND GO-Team teilt sie im letzten Drittel unter sich auf und integriert sie in den Fürbittenteil vor dem gemeinsamen Vaterunser.

Infos und Kuchen

Wenn wir mit einer Gruppe zusammenarbeiten, bieten wir dieser die Möglichkeit an, durch Infostände auf ihre Arbeit hinzuweisen und durch den Verkauf von Kuchen etwas für ihre Finanzen zu tun. In diesem Fall hat dann die Gruppe auch das Bereitstellen und Verkaufen des Kuchens zu organisieren und durchzuführen. Den Preis für den Kuchen legt die Gruppe in Absprache mit uns fest. Der Kaffee und andere alkoholfreie Getränke werden kostenlos vom STOP AND GO-Team ausgeschenkt. Spenden können in eine bereitgestellte Kaffeekasse eingeworfen werden. Die Spendenbereitschaft ist enorm!

Pausen

Zwischen den beiden Blöcken gibt es eine Pause. Sie dient auch zur Erholung für die Musiker und soll nicht länger als zehn Minuten dauern. Damit in dieser Zeit hereinkommende Leute nicht den falschen Eindruck bekommen, alles sei längst vorbei, ist das Tür-Team besonders wichtig. Gleichzeitig muss mit Orgelmusik oder Musik vom Band ein leiser »Teppich« gelegt werden, der deutlich signalisiert, dass hier noch etwas stattfindet. Nach der Pause bedarf es eines deutlichen musikalischen Akzents und einer erneuten Begrüßung und Anmoderation.

Der lange Atem, die Kontinuität vor Ort steht und fällt mit der Identifikation und Motivation vieler Ehrenamtlicher. Je mehr Eigenprofil und selbstständige Erarbeitung einfließen, um so höher ist die Überlebenschance des Modells.

Ein Risiko ist die Zusammenarbeit mit anderen sozial engagierten Gruppen, die womöglich wenig mit Kirche und Glauben »am Hut« haben. Dabei die Eigenständigkeit nicht zu verlieren und die Veranstaltung in ihrem gottesdienstlichen Charakter zu erhalten, ist nicht einfach.

STOP AND GO darf niemals Trittbrett für die Selbstdarstellung bestimmter – womöglich sogar noch rivalisierender – Gruppen werden. Darum ist es hilfreich, schon im Vorfeld den potentiellen Partnern die Konzeption des Gottesdienstes mitzuteilen, am besten schriftlich.

Auch was die Musikgruppen betrifft, gilt es, zunächst in der eigenen Region auf die Suche zu gehen. Das ist sowohl aus finanziellen wie aus inhaltlichen Gründen sinnvoll, weil Gruppen, Bands und Chöre aus dem eigenen Einzugsbereich eine ganz andere Identifikation mit der Sache bekommen und zusätzliches »Publikum« anziehen. Je weiter die Musiker anreisen, umso eher verstehen sie den Anlass als Konzertveranstaltung.

Für die Vorbereitung sind mehrere Treffen notwendig. Auch mit den Musikern, damit sie der Verlockung widerstehen, daraus ein Konzert zu machen.

Um das Team nicht zu verschleißen, ist es gut, sich zwischendurch in zweifacher Hinsicht eine Atempause zu gönnen. Einmal muss es immer wieder Gottesdienste geben, die ganz in eigener Regie ohne Partnergruppen »laufen«, damit man sich wieder einmal »unter sich« fühlt und zusammenrückt. Zum anderen auch zeitlich. Vier oder fünf Termine im Jahr sind genug.

Zu Risiken und Nebenwirkungen

Eine Idee ist keine Konserve. Man kann sie nicht immer und überall als »Second-hand«-Erfahrung »verbraten«. Überall und in jeder Gemeindesituation ist sie neu aufzubereiten. Das ist nicht schlimm.

Im Gegenteil, es ist geradezu die conditio sine qua non jeder Kreativität und Teamarbeit. In jeder Gemeinde muss, kann, darf mit diesen Bausteinen anders umgegangen werden, und sei es, dass alles Dargestellte nur als Negativfolie dient und die Leute sagen: So machen wir das nicht, aber wir machen es anders.

7. Passion passiert

Thema:
Das Kreuz Jesu und das Leid in der heutigen Welt

Bibeltext:
Klagen: Hiob 19,1-20; Psalm 13,2-3 und 6

Vorbereitung/Materialien:
- Tische und Stühle für Café-Ecke, Geschirr, Kaffee, Tee, Säfte usw., Kuchenbuffet, Tischschmuck
- Kinderspielgerät für Kinderecke, Bücher, Blätter, Stifte
- Stellwand für Ausstellung: Beispiele für Versöhnung, diakonisches Handeln, geteiltes Leid
- Stellwand für Fürbitten und Umfragen, Handzettel »Klagezettel«, Programme, Infos über Situation von Leidenden in unserer Stadt und unserem Land
- großes, einfaches Holzkreuz und Reißzwecken (Pkt. 29)
- Namensschilder oder Erkennungssymbole für alle Mitarbeiter

Mitarbeiter:
- Presbyter (Pkt. 2)
- Moderator
- Mitarbeiter für Gespräch
- Mitarbeiter für Getränke und Kuchenausgabe
- Mitarbeiter am Eingang
- Mitarbeiter für Kinderecke

1. Musik

2. Begrüßung und Eröffnung

Presbyter: Herzlich willkommen zum Boxenstop am Sonntagnachmittag.

Im Namen des Presbyteriums der . . .-Gemeinde grüße ich Sie herzlich zum ersten Stop and go des Jahres!

. . . *(Name der Band)* spielt auch heute wieder für uns. Die haben Töne, die Musik machen, nicht zum ersten Mal. Ich begrüße alle Bandmitglieder und ihren Leiter . . .

Wir wollen Ihnen allen auch heute wieder gute Gastgeber sein: Deshalb gibt es auch heute anregende Musik und aufregende Texte, Kaffee und Getränke, Spiele aus dem »Haus für Kinder« und Kuchen, heute gespendet vom Kindergarten . . ., und Osterbasteleien aus eigener Werkstatt.

Stop and go – das ist Recycling für die Seele, die Wiederaufbereitungsanfrage für unseren verbrauchten Glauben.

Credo-tainment für Alt und Jung, Skeptiker und Pessimisten, Zweifler und Distanzierte, Gernegroße und Kleingemachte, Draufgänger und In-sich-Gekehrte.

Stop and go ist der Tummelplatz für Pfadfinder von Um- und Auswegen.

Wir geben Ihrer Zuflucht ein Zuhause, die alte Kirche auf neuen Wegen.

Wir sind so frei und tun uns was Gutes: ein Gottesdienst zum Anprobieren, anziehend und unkompliziert, wir bieten mehr als Welt und Binsen, in die sie nicht gehen soll, wenn es nach Gott geht.

Wenn's um GOTT geht, rechnen wir mit allem, nur nicht ab, sondern: wir zählen Hoffnungsschimmer und Stoßseufzer zusammen, addieren Wunschträume und Angstschweiß, teilen das Ganze miteinander und ziehen nicht eher ab, bis die Rechnung aufgeht – zumindest nicht auf Kosten anderer.

Stop and go zieht Bilanz und macht Inventur übers inwendige Inventar, der Kontoauszug aus dem Gnadenspieler Gottes.

Wollen sehen, wie hoch wir im Kurs stehen heute am Palmsonntag zu Beginn der Karwoche, wo Passion passiert . . . so unser Thema heute passend zu den Zeichen der Zeit.

Um Gottes Willen fangen wir jetzt an, wollen sehen, was er daraus macht - für uns, für Sie, füreinander. So soll es sein. Amen.

3. Lied

»Du bist da, wo Menschen« (aus: Fib)

4. Hinführung zum Thema

Heute beginnt die so genannte Karwoche. Mit Palmsonntag biegen wir auf die letzte Strecke der Passionsgeschichte Jesu auf dem Weg zu seinem Kreuz. Darum wollen wir es uns heute nicht so leicht machen, wollen keine Light-Version des Lebens und des Glaubens beschönigend darstellen, sondern die Leid-Version ansprechen, dem Ist-Zustand ins Auge schauen.

Passion heißt Leiden. Jesus hat gelitten, ließ sich beschimpfen und misshandeln, wurde zum Sündenbock für alles, was andere verbockt haben.

Sein Sterben wurde zum Grunddatum unseres Glaubens, weil Gott ein für allemal dem Leid und dem Tod den Kampf ansagt und alles, was wir ihm und einander schuldig bleiben, aus der Welt schaffen will.

Aber: Das Kreuz ist kein Relikt aus ferner Zeit, kein Stück fürs Museum, keine heilige Antiquität, sondern Anzeichen und Signal auch für Passion, die heute passiert.

Gottes Leidensgeschichte mit und an dieser Welt hat bis heute nicht aufgehört. Die Nachrichtenlage gibt nichts anderes her. Passion passiert. Leid wird erlitten. Unrecht wird angetan. Lieblosigkeit gelebt. Menschenverachtend ist der Umgang der Menschen miteinander, gottlos auch - ohne allerdings Gott los zu sein, denn ihn werden wir nicht los, wie man einen ungebetenen Gast vor die Tür wirft. Er lässt sich nicht ausbürgern aus seinem eigenen Haus. Im Gegenteil: Jesus hat sich leidenschaftlich, wie es seine Art ist, für anwesend erklärt. Solidarisch wird er zum Leidensgenossen, allen, die Unrecht erdulden müssen, die entmündigt und gedemütigt werden. Er ist immer noch mitten in der Passion, die passiert.

Und darum dies Thema heute und hier als Protest gegen die Kreuzigung der Liebe in dieser Welt. Und dass die passiert, das wollen wir ansagen und andenken und andeuten mit Texten und Liedern, Gebeten und Gedanken. Darum sagen wir es zu allen Passanten: *Passion passiert* - ob's passt oder geniert!

5. Lied

»Nobody knows« (aus: Fib)

6. Lesung

Passionslied

Der den Wein austeilt,
muss Essig trinken.
Der die Hand nicht hebt
zur Abwehr,
wird geschlagen.

Der den Verlassenen sucht,
wird verlassen.
Der nicht schreien macht,
schreit überlaut.

Der die Wunde heilt,
wird durchbohrt.
Der den Wurm rettet,
wird zertreten.

Der nicht verfolgt, nicht verrät,
wird ausgeliefert.
Der nicht schuld ist,
der Unschuldige
wird gequält.

Der lebendig macht,
wird geschlachtet.
Der die Henker begnadigt,
stirbt gnadenlos.

Rudolf Otto Wiemer (aus: Ostern ist immer . . .,
J. F. Steinkopf Verlag, Stuttgart/Kiel)

7. Lied

»In the stillness of the night« (aus: Fib)

8. Aktion

(kurzer Hinweis, vgl. Pkt. 29)

9. Lied

Liebe ist nicht nur ein Wort (aus: LL)

10. Moderation

Zum Ablauf

Liebe Passanten, aufgepasst! Hier ist *Stop and go* – der andere Gottesdienst. Ich begrüße alle Gäste und Freundinnen und Freunde, die heute Mittag Spaziergang und Kirchgang miteinander verbinden. Wir sind mittendrin und Sie auch. Die . . .-Kirche lädt Sie ein zur Stehparty mit Sitzgelegenheit.

Stop and go, mittendrin statt nur dabei. Der Gottesdienst zum Selbermachen. Hier führen Sie selber Regie. Wie weit Sie sich gehen lassen, wohin Sie kommen, Nähe und Abstand regulieren alle selbstständig.

Wir beten nicht auf Kommando. Ob Sie dort hinten in der Kaffee-Ecke oder hier vorne bei Musik und Texten stehen und gehen, ob Ihnen der Kuchen schmeckt oder lieber das Suchen nach Stille und Ruhe in unserer Taufkapelle - Nichts ist unmöglich! Gott lob Ja.

Wir wollen, dass Sie zurechtkommen und draufzu gehen.

Stop and go - was für eine Mischung, herzhaft und mild, alles drin, alles dran, alles wahr - für die schönste Pause sind wir da!

Stop and go - Probesitzen in der Kirche, Bankgespräche besonderer Art. Gutschrift für Ihr Seelenkonto!

Der Kirchgang, der zum Erlebnis wird. Der erste Gottesdienst für Fußgänger und Buggyfahrer. Der Altarraum wird zum Zebrastreifen. Hier kreuzen sich die Wege in der *Passion, die passiert,* bis heute.

11. Lesung

Man schlug dich, Jesus (Kurt Marti, aus: Koeppen/Spennhoff/Wolf [Hrsg.], Spuren des Lebens)

12. Vortragslied

»Ain't no sunshine«

13. Lesung

ohne hunger und durst (Ulrich Schaffer, aus: Koeppen/Spennhoff [Hrsg.], Einblicke - Ausblicke, S. 87)

14. Lied

»Wenn einer zu reden beginnt« (aus: Fib)

15. Lesung

Ich glaube (Kurt Marti, aus: Für eine Welt ohne Angst, Peter Hammer Verlag, Wuppertal 1985)

16. Lied

»Ich lobe meinen Gott, der aus der Tiefe mich holt« (aus: EG)

17. Moderation

Liebe Kirchenbummler und Durchwanderer, liebe Gäste von *Stop and go! Stop and go* heißt nicht non stop, darum machen wir jetzt eine kurze Pause, ohne Werbung, aber zum Atemholen für die Musik, zum Durchatmen für Sie, Raum für Gespräch und Begegnung.

Wenn Sie gehen, behalten Sie nichts für sich von dem, was Sie gesehen und gehört haben. Am besten aber: Bleiben Sie noch hier ... Sie werden sich noch wundern, wen Sie hier alles treffen ...

– P A U S E –

18. Musik

19. Moderation

Ich begrüße Sie zum zweiten Teil von *Stop and go* am Palmsonntag. Sie kommen uns gerade recht. Wir freuen uns, dass Sie vorbeigekommen sind. Sie werden sich wundern: Wir haben den Kirchenschlaf abgeschafft und der Frühjahrsmüdigkeit den Kampf angesagt. Abschalten können Sie anderswo ...

Stop and go macht müde Menschen mitunter hellwach. Hier ist der Kostproben-Gottesdienst. Unser Motto heißt: probieren geht über frustrieren.

Freier Ein- und Austritt. Bei uns sollen Sie nicht nur hören, sondern fühlen, dass Gottes Liebeskummer Gründe hat.

Der Kirchenraum, der sich entgegenkommend zeigt als Umschlagplatz für eine ansteckende Gesundheit, als Nachbarschaftszentrum und Stelldichein, als Traumfabrik und Auffanglager, als Fitness-Center für unsere Glaubenskondition, als Haltestelle mit Anhaltspunkten.

Stop and go – wir lassen Sie nicht sitzen, wir halten Ihnen keine Moralpredigt, wir kanzeln niemand ab.

Hier werden keine billigen Rezepte verteilt. Was wir anrichten, soll Sie nur auf den Geschmack bringen und neugierig machen auf einen Gott, der ein leidenschaftlicher Liebhaber von uns allen ist.

Wer liebt, der leidet auch. Gott leidet an seiner Welt, und Jesus Christus nimmt es auf sein Kreuz. Wir nennen es *Passion* und behaupten, dass sie *passiert.*

20. Vortragslied

»Einer ist unser Leben« (aus: Fib)

21. Lesung

Hiob 19,1-20

22. Lied

»Kleines Senfkorn Hoffnung« (aus: Fib)

23. Lesung

Martin ist kürzlich vierzehnjährig gestorben. Von Geburt an körperbehindert, war er seit acht Jahren gelähmt. Er kannte viele Kliniken und Krankenhäuser. Er kannte die Welt der Rollstühle, der Sauerstoffflaschen, der Stethoskope. Martin hatte einen hellen Verstand. Er hat alles begriffen. Er wusste, was ihm bevorstand.

Und genau so, wie wir es immer befürchtet hatten, dass sein Ende einmal sein würde, so war es dann auch. Sein Sterben war sehr mühsam. Es bestand darin, dass er langsam erstickte.

Ich frage dich, Herr, warum musste dieser Junge mit den freundlichen, sanften Augen so lange leiden? Warum sagst du uns nicht, warum dies alles so sein muss? Ich frage dich immer wieder - was war der Sinn dieses Lebens und dieses qualvollen Sterbens?

24. Lied

»Gnade für den Starken« (aus: LL)

25. Lesung

Sie umarmen sich (Kurt Marti aus: Koeppen/Spennhoff/Wolf [Hrsg.], Spuren des Lebens)

26. Vortragslied

»Strahlen brechen viele« (aus: Fib)

27. Lesung

Wussten Sie schon (Wilhelm Willms, aus: Feige/Spennhoff [Hrsg.], Wege entdecken, S. 75)

28. Lied

»Gehet nicht auf« (aus: Fib)

29. Aktion

Ein Wort zu unserer heutigen Aktion *»Nägel mit Köpfen«:*

Unser Thema *»Passion passiert«* soll uns darauf aufmerksam machen, dass die Kreuzigung Jesu nicht bloß ein Ereignis von vor nahezu 2000 Jahren ist, sondern bis heute eine unendliche Verlängerung erfährt.

Jesus ist nicht nur damals aufs Kreuz gelegt und verurteilt worden, er hat nicht nur damals sterben müssen. Unschuldig für das Verschulden der anderen – ihm wird bis heute Gewalt angetan.

Gott hat nicht aufgehört an seiner Welt zu leiden. Jesus selbst hat sich nämlich verbunden erklärt mit allen, denen man einen Strick dreht. Er hat gesagt: »Was ihr diesen meinen schwächsten Brüdern und Schwestern angetan habt, das habt ihr mir getan.« Darum stirbt und leidet und verblutet er bis heute überall dort, wo unschuldig Blut vergossen, wo unterdrückt und gedemütigt wird. Alles, was sich die Menschheit antut, wird dadurch zu Gottes Sache, zum Attentat auf seine Liebe.

Darum wollen wir heute die Passion, die passiert, an das Kreuz schlagen, wollen unsere Klagen und Ängste, das Leid und Elend, das uns beschäftigt und oft auch in Atem hält, dort anbringen, wo es hingehört: ans Kreuz.

Sie haben beim Hereinkommen diesen *Klagezettel* bekommen (s. S. 104), der mit einem Nagel unübersehbar gekennzeichnet ist. Ihn sollen Sie mit dem beschriften, was Ihnen an der gegenwärtigen *Passion, die passiert,* am Herzen liegt – und es dann mit einem Nagel ans Kreuz schlagen, um es damit symbolisch dem Kreuzträger Jesus Christus zu übergeben. Denn er ist für alle Passion in dieser Welt gestorben, an seinem Kreuz hängt das ganze Leiden dieser Schöpfung.

Wir werden im letzten Drittel dieses Gottesdienstes im Rahmen der Fürbitten diese Last des Kreuzes vor Gott aussprechen und um Gottes Erbarmen bitten.

30. Vortragslied

»Bleibet hier und wachet« (aus: Fib)

31. Lesung

Psalm 13,2-3.6

32. Lied

»Kyrie eleison« (aus: EG)

33. Lesung

Jeden Tag erleidet der Frieden eine Niederlage,
an den Schreibtischen der Wirtschaftskapitäne,
in den Konferenzen der Machthaber,
in den Planungen der Rüstungsstrategen,
auf unseren Straßen,
auf den Kriegsschauplätzen dieser Welt,
an unserer Arbeitsstelle,
in unseren Familien,
in unserer Gruppe.

Vater, dein Sohn hat einen Anfang gemacht
mit dem Frieden,
mit der Versöhnung.
Er verzichtete auf Gewalt
und ließ sich gefangen nehmen.
Er verbot den Aufstand seiner Freunde
und ließ sich anklagen.
Er trug sein Kreuz selbst.
Er sagte Nein zur Macht
und starb für die vielen.
Darin hat er Frieden gestiftet.

Herr, lass mich deinen Weg nachgehen:
vom Gerede zum Helfen,
von der Phrase zur Tat der Liebe,
von der Gleichgültigkeit zum Trösten,
von der Gedankenlosigkeit zur Freude,
vom Hass zur Versöhnung,
vom Misstrauen gegen alle zur Gemeinschaft,
von der Furcht zum Vertrauen.

Bringe meine Seele zur Freundlichkeit
und mein Herz zum Lachen.
Lass mich Frieden stiften,
hier in meiner kleinen Welt
und in den großen Verantwortungen,
dass diese Erde durch meine Tat
menschlicher und friedvoller wird,
eine Gemeinschaft versöhnter Menschen!

Dieter Stork

34. Lied

»Fürchte dich nicht« (aus: Fib)

35. Lesung

Wenn es um den Frieden geht,
müssen wir bekennen:

Wir unter uns
sind ganz schön gewalttätig,
nicht nur damals
in den KZ's,
bei der Vergasung der Juden,
nicht nur
im letzten Weltkrieg,
als Bomben auf Städte fielen,
nicht nur damals
bei den Verhören der Gestapo
und den Folterungen der SS-Schergen,
nicht nur damals
in Vietnam,
als der Dschungel entlaubt wurde.

Hier bei uns,
nicht nur drüben in der Türkei und Afghanistan,
wo Menschen abgeholt

und erschossen werden,
nicht nur drüben
in den Diktaturen der Dritten Welt,
wo ein Menschenleben
so wenig gilt
und darum so schnell
ausgelöscht wird.

Wir unter uns,
auf Straßen, in Wohnstuben,
in Schulen, am Arbeitsplatz
sind ganz schön gewalttätig,
verdrängen, vergessen, verstecken den Frieden,
beleidigen ihn, treten ihn mit Füßen,
wo wir schweigen, wenn Unrecht geschieht,
wo wir Unrecht vertuschen,
wo wir beim Unrechttun mitmachen,
wo wir gleichgültig bleiben
gegen das Elend anderer
in unserer nächsten Umgebung,
wo wir uns untereinander misstrauen,
missverstehen, uns vieles missgönnen.

Wenn es um den Frieden geht,
müssen wir bekennen:

Wir unter uns
sind ganz schön gewalttätig.

Bring uns zum Frieden zurück,
zu dieser Hoffnung,
dass unser Leben
in der Liebe,
im Verzeihen und Vertrauen
doch noch einen Sinn gewinnt!

36. Lied

»Neue Hoffnung, neues Leben« (aus: Fib)

37. Lesung

So reich (Wilhelm Willms, aus: Feige/Spennhoff (Hrsg.), Wege entdecken, S. 121)

38. Vortragslied

»Wir werden sein wie die Träumenden« (aus: Fib)

39. Fürbitte

Anschläge ans Kreuz Jesu

40. Vaterunser

41. Lied

»Ich lobe meinen Gott«

42. Ansagen und Segen

43. Musik

8. Vertrauen wächst – Frühlingsgottesdienst

Thema:
Vertrauen finden und wachsen lassen – Frühlingsgottesdienst

Bibeltext:
Das Gleichnis vom Senfkorn, das von alleine wächst: Markus 4,30-32

Vorbereitung/Materialien:
- Tische und Stühle für Café-Ecke, Geschirr, Kaffee, Tee, Säfte usw., Kuchenbuffet, Tischschmuck
- Kinderspielgerät für Kinderecke, Bücher, Blätter, Stifte
- Namensschilder oder Erkennungssymbol für alle Mitarbeiter
- Farbige Blätter als »Wunschzettel«
- Blumenerde, kleine Tontöpfchen, Sonnenblumensamen, einige Löffel zum Einfüllen, Aufkleber mit dem Gottesdienst-Logo (Pkt. 7)

Mitarbeiter:
- Presbyter (Pkt. 3)
- Moderator
- Mitarbeiter für Gespräche
- Mitarbeiter am Eingang
- Mitarbeiter für Kinderecke
- Mitarbeiter zur Kuchen- und Getränkeausgabe

1. Musik

2. Lied

»Kleines Senfkorn Hoffnung« (aus: Fib)

3. Begrüßung

Meine Damen und Herren!

Heute ist der 6. April, und es ist endlich wieder so weit: Wir beenden den Winterschlaf, wir wecken die Lebensgeister und sagen *stop and go* 1998.

Wir eröffnen heute die neue Saison. Ach, was sind die Leute froh – endlich wieder stop and go! Der frühlingsfrohe Fußgängergottesdienst, der Wandertag im Kirchenschiff.

Regie führt jeder selbst. Kommen und gehen, bleiben und verweilen, Gespräch oder Gebet, Stille in der Taufkapelle, Kuchen vom Kindergarten Schützenhof *(entsprechende Gruppe einsetzen),* Kaffee und Spielecke, Musik von der Gruppe . . ., die wir als Gäste bei uns herzlich begrüßen!

Stop and go – das ist der Erlebnispark in der Stiftskirche. Im dritten Jahr und immer noch mit Lust und Laune. Der Hin- und Weg-Gottesdienst, der drive-in-Schalterdienst am Wochenende, Gottes Sonderschicht fürs laufende Volk. Ein Geheimtip für alle Schnupperchristen. Wir wissen nicht, was dabei rauskommt, aber Hauptsache, Sie kommen rein!

Stop and go – das Sonntagnachmittags-Vergnügen. Es war schon immer etwas neuerer, einen besonderen Geschmack zu haben. Wer hätte das gedacht, dass wir uns hier heute treffen. Stop and go – der Geheimtipp für alle Langschläfer und Kurzbeter, der Flanier-Spazier-Probier-Gottesdienst, trinitarisch, praktisch, gut. Die ganz andere Art von Liturgie gegen Kirchenbank-Allergie und Kanzelfrust.

Vertrauen wächst – in Gottes Namen. Amen.

4. Vortragslied

»Kommt herbei« (aus: Fib)

5. Hinführung zum Thema

Haben Sie's schon gemerkt? Es wächst wieder was! Überall, wohin das Auge blickt. Es wächst, es fängt zumindest wieder an zu wachsen.

Wachsen kann man das schon bald nicht mehr nennen, schon eher explodieren, aufbrechen. Was bin ich froh über dieses neue Leben! Frühling fühlt sich gut an, wenn auch nicht ganz schwindelfrei.

Warten auf Blüten und Knospen und auf das Grün – das ist eine spannende Zeit. Erst recht, wenn es solche Abkühlphasen gibt. *(Text der Wetterlage anpassen!)* Wir sehnen die Sonne und den Duft der Wärme herbei. Wir wollen raus aus den Winterklamotten und rein ins aufgeknöpfte Dasein der Lebenslust.

Endlich wieder leichter tragen, freier atmen, offener schauen, freundlicher begegnen, lieber lachen, süßer küssen, länger sitzen, draußen leben.

Langsam wird es wieder neu, das Leben nach dem Winterfrost. Auftauen, auftauchen, Ende der Eiszeit.

Damit wir alle merken: Es wächst wieder was! Nicht nur Gras und Grün und Baum und Strauch, auch die zarten Setzlinge in uns drin, die fast vergessenen Wimmerpflanzen unserer Gefühlswelt – darunter auch das zarte Pflänzchen mit dem Namen Vertrauen – es will wachsen, es wird wachsen, es darf wachsen, damit uns was blüht und wir im Schatten des Gewachsenen Ruhe finden.

Wir wollen uns mit Ihnen auf die Suche machen nach allem, was wächst, vor allem nach dem, was passiert, wenn Vertrauen wächst.

Wie im Treibhaus soll es zugehen heute. Wollen sehen, was sich machen lässt und was nicht. Wollen spüren, wie es anfängt und nicht aufhört zu wachsen - das Vertrauen zu uns selber, zueinander und zu Gott. Das Thema des Tages: Vertrauen wächst - abschalten können Sie woanders . . .

Zwischendurch sind Sie alle eingeladen, Ihre *Wunschzettel* zu schreiben. Niemand soll in diesem Frühling wunschlos unglücklich sein. Mindestens drei Wünsche haben wir alle frei. Wünsch dir was! Im Fürbitten-Teil wollen wir die Wunschzettel mit einbeziehen.

6. Lied

»Beten kann Berge bewegen« (aus: Fib)

7. Aktion

Als Symbol für das Wachsen gibt es dort in der Ecke Sonnenblumenkerne, Blumenerde und kleine Töpfe. Sie können sich Erde einfüllen und einen Sonnenblumenkern pflanzen. Zu Hause erleben Sie dann, wie Ihre Sonnenblume wächst. Und wenn Sie wollen, können Sie einen Aufkleber mit dem *Stop-and-go*-Logo aufkleben.

8. Lied

»Alles muss klein beginnen« (aus: Fib)

9. Lesung

Zwei junge Adler wollten das Fliegen lernen. Der eine hieß Wagemut und der andere Zagegeist. Wagemut breitete seine Schwingen aus, stieß einen Schrei aus und stürzte sich von einem Felsen hinab. Der Flug war zwar nicht gleichmäßig, doch die Schwingen trugen

Wagemut durch die Luft. Zagegeist aber blieb auf der Felskante sitzen. Endlich kam Wagemut zurückgeflogen. Er war außer Puste. Aber er war stolz, dass er es geschafft hatte.

»Versuch es!«, rief er Zagegeist zu. »Ich kann nicht«, antwortete dieser. »Ich fürchte mich. Ich kann mich in der Luft nirgends festhalten. Was ist das überhaupt – die Luft? Ich kann sie nicht sehen. Wie soll mich etwas tragen, das ich nicht einmal sehen kann? Den Felsen hier spüre ich unter meinen Krallen, aber die Luft«?

Wagemut antwortete: »Vertraue nur, die Luft wird dich schon tragen.« Aber Zagegeist war nicht zu bewegen, sich auf etwas einzulassen, was er nicht sehen konnte. Die Angst nagte an seinem Herzen. Und weil er kein Vertrauen hatte zur tragenden Kraft, lernte er das Fliegen nicht und fand keine Freude am Leben.

10. Musik

11. Lesung

Es war einmal ein Mensch, der betrat einen Laden. Er war ganz überrascht, denn hinter der Ladentheke stand ein Engel. Verwirrt fragte er: »Was verkaufen Sie?« »Alles«, antwortete der Engel. »Oh, prima«, meinte der Mensch und legte los: »Dann hätte ich gern: Gute Freunde, Menschen, die mich verstehen, gute Noten in der Schule, viel Zeit für mich selbst und Frieden für alle Menschen . . .«

Der Engel unterbrach ihn: »Entschuldigen Sie, Sie haben mich da missverstanden. Wir verkaufen keine Früchte; wir haben lediglich den Samen . . .!«

12. Lied

»Meine Zeit steht in deinen Händen« (aus: LL)

13. Ansage zur Pause

14. Musik

15. Lied

»Kleines Senfkorn Hoffnung«

-PAUSE-

16. Moderation

Hallo und herzlich willkommen! Hier ist *stop and go,* der Gottesdienst mit der Laufmasche. Wir beginnen mit der zweiten Runde froher Kunde mit Musik von (. . .) und mit Ihnen . . .

Sie haben sich nicht verlaufen, kommen Sie ruhig näher. Sie sind genau richtig! Die . . . *(Namen der Kirche einsetzen)* als gastfreundliche Raststätte macht Tag der offenen Tür: Das Leben ist viel zu kurz, um verschlossen zu garen – wir öffnen uns und sagen: Stop and go – hier bin ich Mensch, hier lauf ich ein!

Der Sonntag als Werbepause für Gottes Angebot – komm doch mal rüber.

Stop and go – der andere Gottesdienst für inliner und outsider.

Stop and go bringt Sie auf den längsten Kirchengeschmack, weil er sich nicht wie ein Kaugummi zieht, sondern müde Menschen munter macht.

Stop and go lässt Schnupfennasen aufatmen, Langschläfer aufwachen, macht Miesepeter freundlich und Lustlose lustig.

Für die einen nur ein Gottesdienst – für die anderen der längste Kirchgang, der zählt! Vertrauen wächst – die Zweite – in Gottes Namen. Amen.

17. Lied

»Freunde, dass der Mandelzweig« (aus: LL)

18. Lesung

Markus 4,30-22

19. Lied

»Meine Hoffnung und meine Freude« (aus: EG Anhang/Neue Gemeindelieder, Oncken Verlag, Wuppertal und Kassel 1993)

20. Lesung

Psalm einer Pusteblume

Erzählen will ich von Dir und von mir,
denn was ich bin, ist Dein Geschenk.
Mich kennt jedes Kind. Löwenzahn heiße ich,
oder taraxacum officinale.
Kinder tauften mich liebevoll Pusteblume.
Diesen Namen mag ich am liebsten.
Ich danke Dir, Herr, für meinen Namen!

Ausreißen lasse ich mich nicht leicht,
denn meine Wurzeln sind stark und tief.
Darin liegt das Geheimnis meiner Kraft:
standzuhalten vermag nur, wer tief verwurzelt ist.
Ich danke Dir, Herr, für den Grund der Erde!

Meine Blüte leuchtet wie die Sonne
und strahlt ihr Licht zurück. Wer genau hinsieht,
entdeckt in mir eine kleine Sonne
voller Strahlen, Farbe und Wärme.
Ich danke Dir, Herr, für die Sonne!

Nun strecke ich mich dem Wind entgegen,
wachse Blumen und Gräsern über den Kopf.
Der Wind ist mein rauher, aber herzlicher Freund.
Er bläst mir ins Gesicht und trägt meine winzigen
Samenkörner wie kleine Fallschirme davon.
Ich danke Dir, Herr, für meine Freunde!

Am Nektar meiner Blütenkörbe laben sich Bienen,
Schmetterlinge, Hummeln und Käfer.
In meinen Blättern finden Kaninchen und Hühner,
Kühe und Enten würzige Speise und stärkendes Mahl.
Ich danke Dir, Herr, dass ich andern Nahrung sein kann!

Meine goldgelbe Blüte verliert ihren Schein,
ich verschließe mich und warte still
auf den Weckruf der Sonne,
um mich als Pusteblume neu zu entfalten.
Ich danke Dir, Herr, dass ich warten kann!

21. Vortragslied

»Du gabst mir Augen« (aus: Fib)

22. Lesung

Beim Wachsen helfen

Wachsen kann man nur stören. Machen kann man es nicht. Alles Machbare zerstört.

Eine Geschichte aus China erzählt: Ein Mann hatte seinen kleinen Acker gut vorbereitet, gepflügt und gesät. Er wunderte sich nur nach ein paar Wochen, dass die Saat so langsam aufging. Bei seinem Nachbarn sah er schon kräftigen grünen Wuchs! Von Tag zu Tag wurde seine Geduld geringer. Er konnte vor Sorge nicht mehr schlafen. Schließlich hatte er eine wahnwitzige Idee. Er lief zu seinem Feld und begann, die kleinen, zarten Halme etwas in die Höhe zu ziehen. Das war natürlich eine mühsame Arbeit; aber schließlich war er fertig. Er traf unterwegs seinen Nachbarn und sagte ihm, dass er seinem Korn beim Wachsen geholfen habe. Neugierig geworden, liefen sie zu seinem Feld und sahen alles zerstört und verwelkt. – Und noch lange lachte man im Dorf über den Mann, der nicht warten konnte.

Auch der Glaube, auch die Liebe, auch die Hoffnung sind zarte Pflänzchen. Wer ihnen beim Wachsen nachhelfen will, der entwurzelt und zerstört nur. Geduld allein erlebt das Wunder des Wachsens. Und irgendwann staunt der Geduldige und singt: Alles muss klein beginnen . . .

23. Lied

»Alles muss klein beginnen«

24. Lesung

I have a dream (Martin Luther King, aus: Testament der Hoffnung, Gütersloher Verlagshaus, oder: Ich habe einen Traum. Texte und Reden von M. L. K., Gütersloher Verlagshaus, 6. Auflage 1996)

25. Lied

»Wie ein Fest nach langer Trauer« (aus: Fib)

26. Lesung

Anruf (Hanns Dieter Hüsch, aus: s. S. 220)

27. Vortragslied

»Adoramus te« (aus: Fib)

28. Fürbitten

29. Vaterunser

30. Lied

»Gottes guter Segen« (aus: Unser Kinderliederbuch, Oncken Verlag Wuppertal und Kassel, u.a., 6., erw. Auflage 1997)

31. Segen

32. Musik

Gloria

(Ludwig Burgdörfer und Team)

9. Vergeben befreit

Thema:
Wie ich aus dem Gefängnis meiner Vergangenheit aussteigen kann

Bibeltext:
Warum Vergebung wichtig ist und wie sie gelingt: Matthäus 18,21-35

Vorbereitung/Materialien:
- Zwei Trimm-Räder, Hanteln, Handtücher
- Erfrischungsgetränke
- Sportkleidung

Mitarbeiter:
- Moderator
- 2 Frauen
- 1 Mann
- Prediger

1. Musik vom Band

2. Musik (live)

3. Dias

4. Begrüßung

5. Lied

»Du, lass dich nicht verhärten« (aus: Fib)

6. Interview

Musikalische Überleitung

7. Lied

»Wie ein Fest nach langer Trauer« (aus: LL)

8. Theaterstück

Zwei Frauen unterhalten sich in einem Fitnesstudio. Sie kommen ins Gespräch darüber, was es bedeutet zu vergeben. Eine der beiden kommt nicht darüber hinweg, dass ihr Mann sie bei der Geburt allein gelassen hat. Ein sportlicher Mann aus dem Hintergrund mischt sich unsensibel ein. Er versteht nicht, warum Frauen so nachtragend seien. Das Stück endet offen damit, nicht vergeben zu wollen.

Der Mann kommt herein und übt sich an den Hanteln.

Zwei Frauen (F1 und F2) betreten den Raum, mit Handtuch über der Schulter.

F1: *(zum Mann)* Was, du auch hier? Ich dachte, du kommst sonst immer erst ab fünf.

M: Habe heute frei. Bin gut in Form.

F2: Bist du eigentlich jeden Tag in der Woche hier? Sonst nichts zu tun?

M: Was soll denn die blöde Frage? Den ganzen Aufwand mache ich doch wegen der Frauen. Muskeln müssen sein.

F2: An Grips mangelt's dir wohl nicht, oder? *(zu ihrer Freundin)* Bo ey.

M: Wie meint die dat denn? Ach, dat fasse ich einfach als Kompliment auf. *(übt)*

(Frauen gehen zu den Trimm-Fahrrädern)

F1: Mensch, guck doch mal. *(zeigt auf ihren Bauch)* Es ist schon fast ein Jahr her, und ich bekomme den Bauch nicht weg.

F2: Du spinnst wohl. *(zeigt auf ihren Bauch)* Dann guck dir bitte mal meinen Bauch an.

F1: Na, das geht doch noch. Da musst du dir mal Sabine angucken. Die ist ja völlig auseinandergegangen, oder ist die schon wieder schwanger?

F2: Nee, wo denkst du hin. Die ist nicht schwanger, die macht nur keinen Sport.

(Frauen besteigen jeweils ein Trimm-Rad und radeln los.)

F2: Wie viel Kilometer machst du heute?
F1: Mal seh'n.

(Fahren still vor sich hin.)

F2: Wie geht es Peter mit seiner neuen Arbeit?
F1: Immer nur Stress. Ständig unterwegs. Du kennst das ja.

(Mann trinkt etwas im Hintergrund)

F2: Du siehst aber auch ziemlich gestresst aus. Bist du heute nicht so gut drauf?
F1: Was soll das denn jetzt heißen?
F2: Komm, ich merk doch, dass was ist. Mir kannst du nichts vormachen.
F1: Mich nervt, dass er zu spät nach Hause kommt und die Arbeit vorschiebt. Anderes ist ständig wichtiger. Dieses und dann das und noch was anderes ... Ich habe so gut wie keine Bedeutung. Ich fühl mich wie eine allein erziehende Mutter. Manchmal behandelt er mich wie Luft oder wie die Spülmaschine oder irgendsowas.
F2: Hat sich das immer noch nicht geändert?
F1: Ach, ich weiß nicht. Aber mit der Geburt von Tanja, das hat mir noch den Rest gegeben.
F2: Wie meinst du das denn?
F1: Ich kann ihm das bis heute nicht verzeihn.
F2: Wie? Dass er nicht dabeigeblieben ist?
F1: Ja, genau das meine ich. Ich hab dir das ja schon mal ausführlicher erzählt. *(enttäuscht)* Die alte Geschichte. Ich merke jetzt, dass es mich noch verfolgt. Ich kann einfach nicht begreifen, warum er bei der Geburt nicht dabeigeblieben ist. Warum hat er mich mit den Ärzten und Schwestern allein gelassen? Wir hatten doch vorher drüber gesprochen ... Und er hat es mir fest versprochen, aber dann ist er einfach rausgegangen und war weg.
M: *(unsensibel von hinten)* Wenn ich mich mal kurz einschalten darf. Ich glaube, ihr Mädels wisst gar nicht, was Männer bei einer Geburt so alles durchmachen. Mein Freund beispielsweise. Der hat mir neulich erzählt: Der wollte ja auch bis zur Geburt dabeibleiben. Hatte er sich fest vorgenommen. Und dann: Voll aus den Latschen gekippt. Man stelle sich das vor:

Im wichtigsten Moment ist er Out of Order. *(lacht)* Und die Schwestern hatten alle Hände voll zu tun. Naja, ich hätte das gar nicht so schlecht gefunden, wenn sich die Schwestern nett um mich gekümmert hätten.

F2: Das findest du wohl witzig oder was?

M: Ein bisschen Spaß wird doch wohl erlaubt sein. Jetzt hat er es ja hinter sich. Meine Güte, der Junge war ganz schön überlastet. Aber, na gut, was will man machen. *(trinkt einen Schluck, nimmt sein Handtuch, zu F2)* Treffen wir uns nachher noch im Café?

F2: Das hättest du wohl gern. Dafür musst du noch ein paar Übungen machen. Aber was nicht ist, kann ja noch werden.

M: Naja, dann vielleicht nächste Woche.

(Frauen radeln weiter vor sich her.)

F1: Ich komme da nicht drüber weg. Warum hat er mich allein gelassen?

F2: Wahrscheinlich war er völlig überfordert.

F1: Das ist mir egal. Ich hatte Schmerzen und ich habe ihn gebraucht, und er war nicht da.

F2: Weiß er eigentlich, wie du damals empfunden hast und dass du immer noch nicht darüber hinweg bist?

F1: Hundertmal habe ich schon versucht, darüber zu reden, ich weiß nicht wie oft, er versteht das nicht. Ich kann ihm das nicht verzeihn.

F2: Hast du schon mal versucht, dich in seine Lage zu versetzen? Was er gefühlt hat?

F1: Wieso sollte ich mich in seine Lage versetzen? Er fragt ja auch nicht nach, wie es mir geht und wie ich mich fühle. Ich kann es ihm nicht verzeihn und ich will es auch nicht.

9. Musik

10. Lied

»Gott spannt leise feine Fäden« (aus: LL)

11. Predigt

Jesus wird gefragt: Wie oft soll ich vergeben? Seine Antwort: 7 x 70 mal (kein Rechenbeispiel), Symbol für immer. Erzählt eine Geschichte: Gott erlässt einem Menschen die Schuld, der Mensch ist mit seinem Schuldner hartherzig (Matthäus 18,21-35). Nicht zuerst die Forderung, sondern Wesen Gottes: Vergebung, Heilung.

Wichtiges Thema: Beziehungen. Wie können wir miteinander leben? Mit Eltern, Geschwistern, Kindern, dem Partner, sich selbst.

Positives Thema: Heilung von Beziehungen. Ständig Verletzungen, wie ist das Leben lebbar? Befreiung.

Aktuelles Thema: Als Wort klingt es fromm, religiös (Gedanken an Schuld?)

Psychotherapie: Familientherapie

Warum Vergebung wichtig ist:

1) *Vergebung ist der einzige Ausstieg aus dem Teufelskreis des Vergeltungsdenkens* (Folie siehe S. 126; schrittweise aufdecken)

In uns: Vergeltungsdenken. Geschichte: Aus Nachbarstreit wird Weltkrieg. Nicht gegrüßt, Auto vor die Garage geparkt, Müll in den Garten gestreut, die Goldfische vergiftet, mit der Videokamera das Wohnzimmer beobachtet, Nägel in den Rasen gestreut, Gartenzaun unter Strom gesetzt, Tretmine unter die Fußmatte gelegt, Haus in Brand gesteckt . . .

Streit zwischen Eheleuten. Feindseligkeit schaukelt sich hoch, keiner will unterliegen, Sticheleien, Distanz.

Altes Testament: Fortschrittlich – Auge um Auge, Zahn um Zahn.

2) *Vergebung ist die einzige Möglichkeit, um aus dem Gefängnis der Vergangenheit frei zu kommen*

Wer nicht vergibt, baut sich ein unsichtbares Gefängnis.

- Als Opfer fühlen
- Zu Recht ärgerlich sein
- Reaktion von der Vergangenheit bestimmt

Gefängnis der Erinnerung, nicht frei für die Zukunft.

Entscheidung, ob ich mein Handeln von der Vergangenheit abhängig mache.

3) *Vergebung ist der einzige Weg, beziehungsfähig zu bleiben, ohne abzustumpfen*

Jeder muss mit Verletzungen zurechtkommen.

- Mauere mich ein, Panzer, zynisch, arrogant (nach außen gekehrt)
- Apathisch, lasse nichts an mich heran (nach außen teddybär-like)
- Verbittere, kritisiere alles andere (nach außen rechthaberisch)

Folge: Beziehungen zerbrechen.

Vergebung hilft, mit Verletzungen umzugehen.

Wie Vergebung gelingt:

1) *Zu vergeben bedeutet nicht, dem anderen Recht geben zu müssen, sondern ihm seine Schuld nicht mehr anzurechnen*

Nicht kleinbeigeben. Eindruck bleibt, dass der andere schuldig geworden ist, selbst, wenn der erste es abstreitet.

Rechne nicht mehr zu, kein Strafzettel, keine Quittung, selbst dann, wenn der andere seine Schuld nicht einsieht.

2) *Zu vergeben bedeutet nicht, das Geschehene zu vergessen, sondern mein gegenwärtiges Verhalten nicht von der negativen Vergangenheit bestimmen zu lassen*

Menschliches Bewusstsein ist wie ein Gefäß: Nichts wird gelöscht. Vielfach reagieren wir. Sind nicht mehr frei. Denken uns, was der andere gemeint hat. Handeln daraufhin.

Vergebung: Ich trete dem anderen immer neu positiv gegenüber. Mache meine Liebe nicht von seinem Verhalten abhängig.

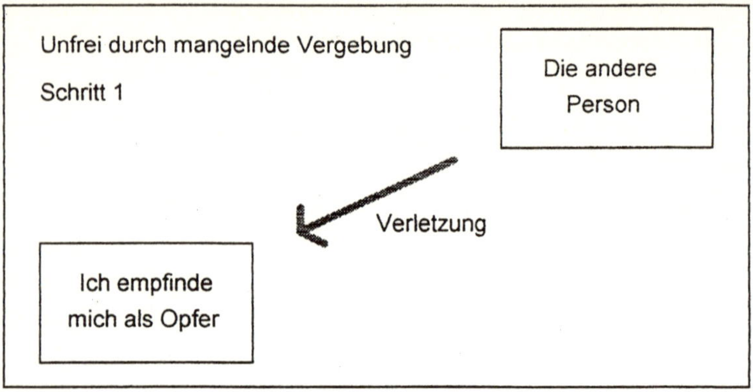
Unfrei durch mangelnde Vergebung
Schritt 1
Die andere Person
Verletzung
Ich empfinde mich als Opfer

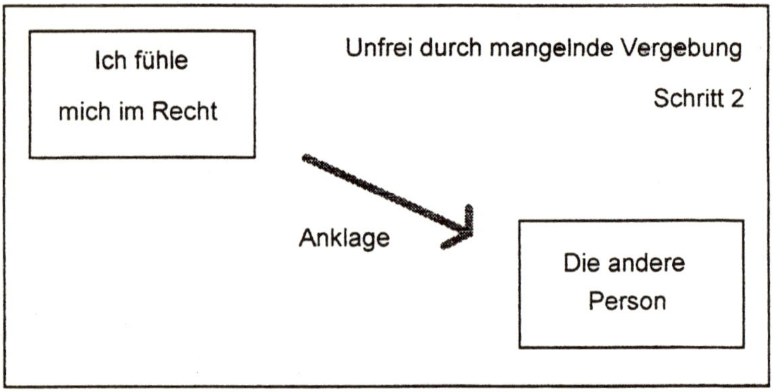
Ich fühle mich im Recht
Unfrei durch mangelnde Vergebung
Schritt 2
Anklage
Die andere Person

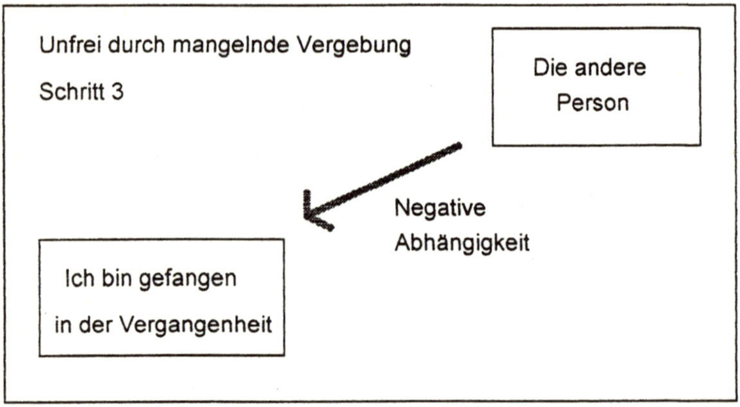
Unfrei durch mangelnde Vergebung
Schritt 3
Die andere Person
Negative Abhängigkeit
Ich bin gefangen in der Vergangenheit

3) *Zu vergeben bedeutet nicht, aus innerer Schwäche heraus zu handeln, sondern aus dem Bewusstsein von Gottes Barmherzigkeit mit mir auch barmherzig mit anderen zu werden*

Haltung der Stärke. Es nicht nötig zu haben, sich zu verteidigen, zurückzuschlagen.

Ich bin auch nicht perfekt, habe meine Macken, gestehe es anderen auch zu, will nicht über sie richten.

Christliche Sicht:

Wir kommen mit unserer Vergebungskraft an unsere Grenzen.
Brauchen ein Vorbild: Jesus.
Mehr noch, brauchen Gottes Kraft, um zu vergeben.

Es ist möglich.

Geist Jesu lebt in Menschen, die bewusst Christen geworden sind, macht sie fähig zu vergeben, wo sie nicht weiterkommen.

Ziel: Befreiung.

12. Gebet

Verbittert, abgestumpft, zynisch.
Ursache. Vergebung.
Mit deiner Vergebung in Berührung, Heilung.
Auch anderen vergeben können. Befreiung.

13. Musik

14. Ansage

(Peter Stangenberg und Team)

10. Wie man Weihnachten unbeschadet übersteht

Thema:
Survivaltipps für die Weihnachtstage – Adventsgottesdienst

Bibeltext:
Sinn von Weihnachten: Gott kommt leise in die Welt; Lukas 2,1-14

Vorbereitung/Materialien:
- Weihnachtsmannkostüm
- Sitzbank
- Einkaufstaschen
- Winterkleidung

Mitarbeiter:
- Moderator
- junger Mann
- Frau
- Prediger

1. Musik vom Band

Folie Advent (siehe unten)

2. Vortragslied

»Der Himmel ist nicht oben« (aus: LL)

3. Begrüßung

4. Lied

»Gott kommt zu uns« (aus: LL)

5. Gebet

Ruhige Musik, unterbrochen vom Gebet eines der Musiker

6. Wortbeitrag/Interview

Musikalische Überleitung

7. Theaterstück

Weihnachten hat für viele nichts mehr mit dem Ursprung des Festes zu tun. Ein Student und eine gestresste Hausfrau unterhalten sich über den Sinn dieser Tradition. Sie treffen sich auf einer Parkbank. Der Student, für Geld als Weihnachtsmann verkleidet, lernt gerade seinen Text für den nächsten Familienauftritt auswendig. Die Mutter kontrolliert, ob sie auch wirklich alle Geschenke bekommen hat. Das Stück bricht ab, als die Frau mit Entsetzen feststellt, dass sie vergessen hat, die Tanne zu kaufen.

Darsteller: Student als Weihnachtsmann; Mutter

Bühnenbild: *Parkbank steht in der Mitte der Bühne. Weihnachtsmusik aus dem Hintergrund.*

Student: *(kommt als Weihnachtsmann verkleidet von hinten in den Raum, sieht ein bisschen gestresst aus, setzt sich vorne auf die Parkbank. Er packt seine Butterdose aus und isst. Beiläufig schaut er auf die Uhr und lernt den restlichen Text für seinen nächsten Auftritt.)*

Frau: *(läuft von der Seite der Bühne an der Parkbank vorbei, orientiert sich, dann lässt sie sich schnaufend auf der Bank nieder, nachdem sie die Einkaufstüten abgestellt hat.)* Endlich sitzen. *(schaut ein bisschen irritiert zur Seite)* Entschuldigen Sie bitte, sind Sie echt? *(Dabei fasst sie das Kostüm prüfend an.)*

Student: *(nickt, isst aber schweigend sein Brot weiter)*
Frau: Aber Heiligabend ist doch erst übermorgen.
Student: Stimmt.
Frau: Tut mir Leid, verstehe ich nicht ganz.
Student: Hängt mit den Malediven zusammen.
Frau: Wegen der Malediven? *(stutzt, fragt noch mal)* Was haben denn die Malediven mit Weihnachten zu tun?
Student: *(genervt)* Ich bin Student, und ich spiele heute Morgen für eine Familie den Weihnachtsmann.
Frau: Also doch nicht echt.
Student: Für die Kinder bin ich ein echter Weihnachtsmann. Die glauben an mich.
Frau: War mir schon klar. Aber weshalb denn heute Vormittag? Heiligabend ist doch erst übermorgen!
Student: Wegen der Malediven.
Frau: Können Sie auch noch was anderes sagen oder gehört das zu Ihrem Text?
Student: Der Flug geht morgen früh. Einen späteren haben die Leute nicht bekommen. Deswegen hat die Familie Weihnachten vorverlegt, eben auf Samstagvormittag. Ob am 22. oder am 24. gefeiert wird, ist doch letztlich egal.
Frau: *(überrascht)* Sonderbar, dass manche Leute so eine Einstellung haben. Bei uns zu Hause würde das einen riesigen Aufstand geben. Am Weihnachtstag muss alles stimmen. Gutes Essen, Kirchgang, Familientreffen, Bescherung, einfach alles.
Student: Für mich hat Weihnachten nicht viel Bedeutung. Ich finde, das Ganze ist eine riesige Heuchelei.
Frau: Aber schön ist es trotzdem. Ein bisschen romantisch. Was fürs Gemüt, verstehen Sie?
Student: Naja, wenn's sein muss. *(Isst schweigend weiter)* Sie kommen gerade vom Einkauf?
Frau: *(nickt)* Ja, genau, ist auch nicht zu übersehen. Karstadt, Horten, C & A; jedes Kind hat so seine Wünsche. Ganz schön anstrengend, aber was tut man nicht alles für seine Lieben. *(schwärmt)* Ich habe schon vier Enkelkinder, eins niedlicher als das andere. Und Sie, was machen Sie beruflich?

Student: Ich sagte doch, ich bin Student. Das hier *(zeigt auf sein Kostüm)* ist ein Job, den ich erledige. Ich bekomme 100 Mark pro Auftritt. Dafür muss ich den Text auswendig lernen, den mir die Eltern aufgeschrieben haben. Danach werden die Geschenke verteilt. Und jetzt habe ich gerade noch eine halbe Stunde Zeit. Um 12 Uhr habe ich meinen nächsten Auftritt.

Frau: Ich verstehe noch nicht, wie Sie so etwas mit gutem Gewissen machen können. Für die Kinder ist das doch Betrug.

Student: Das ist Ihre Sichtweise. Ich halte alles, was mit Weihnachten zu tun hat, für einen großen Betrug. Alles frei erfunden. Das Christkind ist eine Erfindung wie der Storch mit dem Baby.

Frau: Das heißt, Sie glauben gar nicht daran?

Student: Nein, kein Stück. Weihnachten ist allein gut, um Geld zu verdienen.

Frau: *(ein bisschen empört)* Ich muss schon sagen: Ich gehe eigentlich gern in die Kirche. Ich denke, mindestens einmal im Jahr sollte man in die Kirche gehen, und außerdem mag ich die Kerzenatmosphäre.

Student: Und glauben Sie daran?

Frau: Woran?

Student: Na, an das mit dem Jesuskind in der Krippe auf Heu und auf Stroh?

Frau: Ein bisschen schon. *(schnell hinterher)* Die anderen tun's ja auch.

Student: Finde ich ehrlich gesagt nicht besonders überzeugend.

Frau: *(lenkt ab)* Ist auch egal. Hauptsache, ich habe alle Geschenke. *(schaut in den Beutel)* Wenn die Geschenke da sind, ist alles in Ordnung, und der Weihnachtsbaum, der darf natürlich nicht fehlen, mit Kerzen und Lametta. *(lauter Schreckschrei)* Ach du meine Güte, ich hab die Tanne vergessen! Weihnachten ohne Tannenbaum, nicht auszudenken. *(hält sich den Kopf)* Was mach ich bloß? Vielleicht könnte Erwin noch einen besorgen. *(denkt nach)* Was für ein Tag ist heute? Samstag, 11.30 Uhr, also noch eine halbe Stunde. *(bekommt eine Idee)* Wie teuer waren noch die fertigen Plastikbäume? 29,95 DM. Das ist die Rettung. *(schaut ins Portemonnaie)* So viel muss ich gerade noch haben. *(zum Weihnachtsmann)* Auf Wiedersehen, war nett, Sie kennen gelernt zu haben . . . *(läuft weg)* Meine Güte, wie konnte ich bloß die Tanne vergessen? *(ab)*

Student: *(isst ruhig sein Brot)* Fröhliche Weihnachten! *(schaut auf die Uhr, geht langsam ab)*

8. Musik

Textfolie zum Thema (siehe S. 142)

9. Predigt

Weihnachten ganz besonders anziehend:

Kinder träumen vom Weihnachtsmann und seinem Rentierschlitten, die Erwachsenen von Weihnachtsbäumen, verschneiten Landschaften, funkelnden Kerzen, Bergen von Geschenken und lächelnden Familien.

Die Wirklichkeit ist allerdings nicht so vollkommen:

- Die überfüllten Fußgängerzonen und Geschäfte, der ganze Stress können richtig fertig machen.
- Die hohen Erwartungen an Essen und Geschenke belasten das Familienleben.

Manche werden zu anspruchsvoll. Ein Vater fragte seine kleine Tochter bereits lange im Voraus, was sie sich zu Weihnachten wünsche. Sie antwortete, dass sie so gerne einen kleinen Bruder hätte. Am Weihnachtsabend kam ihre Mutter mit einem kleinen Jungen im Arm aus dem Krankenhaus nach Hause. Als der Vater im nächsten Jahr wieder die gleiche Frage stellte, sagte seine Tochter ohne zu zögern: »Wenn es nicht zu anstrengend für Mama ist, dann hätte ich gerne ein Pony!«

Für manche Menschen ist Weihnachten eine der schwersten Zeiten im Jahr. Es gibt mehr Selbstmorde, Ehen brechen auseinander, psychisch Kranke haben Rückfälle und Familienfehden beginnen.

Eine Zeitung brachte den Titel: »Genug, um sie in den Wahnsinn zu treiben« und sprach von Menschen, die an Weihnachten zusammenbrechen, weil dann der Druck, perfekt sein zu müssen, am höchsten ist.

Ein Psychiater beendete einen Artikel über das Thema »Depression in der Weihnachtszeit« mit folgendem Ratschlag: »Denken Sie daran, dass Weihnachten, auch wenn es jährlich stattfindet, doch nicht ewig dauert.«

(Diese einleitenden Gedanken und die Zitate nach Nick Gumbel, Warum eigentlich Weihnachten?, Projektion J, Wiesbaden 1996.)

Weihnachten als ursprünglich positives Fest verursacht viel Schaden:

1) Hektik statt Ruhe
Rechtzeitig Geschenke einkaufen, Essen machen, Absprachen. Für den äußeren Rahmen sorgen: Weihnachtsbaum.

2) Emotionale Überforderung
Familienfriede, heile Welt, Weihnachtsgefühle, Inszenierung, Heuchelei, glücklich sein müssen.

3) Erwartungsdruck aus verschiedenen Richtungen
Geschenke im gleichen Wert für alle (welche Regelung?)
Regel: »Geben Sie mir irgendetwas, wird sowieso umgetauscht.«

4) Verwandtschaftskontakte
Wen wann besuchen, wie lange? Freundlich sein, weil alle es erwarten (Die Tante mit dem dicken Kuss.)

5) Unter der Oberfläche die Frage nach dem Sinn
Wozu das alles? - Langweilig.

Fünf Kategorien auf Weihnachten gemünzt:

1) Niveau: »Sehen und gesehen werden.« (Folie)

Gesellschaftlicher Anlass, keine Freude
über Geschenke, alles besitzen:
  äußere Form muss stimmen
  Liebe wird den Kindern mit
  Geld gezeigt
Streben nach Rang und Beachtung
  Stress: innere Leere.

2) Integration: »Die Familienidylle ist alles.« (Folie)

Familienfest, intakt, schön für Kinder:
- Eigenheime, Geschenke (noch einpacken, auch wenn es alle wissen)
- Essen (permanente Zeitverzögerung)
- Religiosität (noch schnell in die Kirche, der Kinder wegen)
- soziale Erwartungen (alle verbringen einen schönen Abend)
- Stress: Streit und Nonkonformität der Kinder

3) Harmonie: »Nur nicht allein sein.« (Folie)

Höhepunkt im Jahr:
schön, glitzernd, bunt (an den Fensterscheiben)
Dominosteine von Aldi, Fernsehshows, Diättipp
Betäubung in der Wohnung, Weihnachtsmusik
nicht die böse Welt sehen

Streben nach Geborgenheit in den vier Wänden
Stress: Einsamkeit und Unruhe

4) Selbstverwirklichung: »Macht doch, was ihr wollt.« (Folie)

Abgrenzung zum Konsum:
  inneren Kern suchen, mit Freunden stilvoll essen
  gesundheitsbewusst
  zynisch gegenüber der Masse
  Schichtdienst zu Weihnachten: lieber Silvester frei
Streben nach bedeutsamer Feier für sich selbst
  Stress: leere Tradition

5) Unterhaltung: »Ich will Spaß.« (Folie)

Action und Fun je nach Geldbeutel:
  Bedürfnisse befriedigen, Stimulation
  Mallorca oder Miami Beach, Disco, Last minute
  Selbstmord, entfliehen
Streben nach Abwechslung
  Stress: Langeweile und Spießertum

Hinweise aus christlicher Sicht

1) Behalten Sie Humor!

Fest so überfrachtet: Mehr Volkstradition als Inhalt

Distanz zum Fest bekommen. Bei Pannen die komische Seite sehen:

Wassereimer neben dem Weihnachtsbaum

Essen verkohlt (schon 2 ½ Stunden im Ofen)

Über Erwartungen lachen, nicht so ernst nehmen

2) Nehmen Sie Menschen wichtiger als Material!

Kern der Liebe Gottes:

Begegnet Hirten, im Stall, weise Männer beugen sich

Gott liebt die Menschen

Kinder nicht so große Geschenke, Liebe ist wichtiger

Ehepartner: Anerkennung zeigen

Einigen schon immer mal eine Karte schicken: etwas anderes drauf

Durch Streik sowieso zu wenige Weihnachtsmänner

3) Überfordern Sie sich nicht!

Gott kam in eine unperfekte Welt, sein Motiv: überforderten Menschen zu helfen

Menschen, die am Leben scheitern, nicht zurecht kommen

Entlarven Sie Lügen

Auch ein unperfektes Weihnachten kann schön sein

Geschenke nicht gleich teuer

Ich: War es leid, Geschenke zu kaufen:

Absprache, nur noch den Kindern Geschenke

Besuche

Damals: Jesus - Volkszählung, Verfolgung, Stall, keine Hilfe

Ein Weihnachtsbaum ist schief

Eine Bratensoße kann anbrennen

Ein Kind kann meckern und der Ehemann einschlafen

Lassen Sie die anderen meckern - nächstes Jahr neuer Versuch

4) Suchen Sie einen Zugang zum Inhalt!

Geburt des Weihnachtsmanns wird gefeiert?

Erstaunlich - so am Ziel vorbei

richtig: größtes Ereignis der Weltgeschichte

Ablauf wie eine Betäubung: Vieles verstellt den Weg zum Inhalt

Damals: Stall, Niedrigkeit, Baby, Eltern, Hirten
heute: Stress, Erwartungen, Tradition, Geschenke
(Lukas 2, 1-14 frei erzählen) Gott kommt in die Welt. Nicht groß, majestätisch, mit Getöse.
Wichtig, sonst nagendes Gefühl von Sinnlosigkeit:
Wer war Jesus?
Menschen beten ihn an, geben ihr Leben, reden vom größten Wunder
Stärkster Ausdruck von Gottes Nähe. Gott verkleinert
Berührt die menschliche Welt wie nie zuvor
Geburt von Jesus von Nazareth: Botschaft, die Leben reich macht reicher als jedes Geschenk, jede Beziehung zu Menschen, jedes irdische Glück
Medizin gegen: Einsamkeit, mangelndes Selbstwertgefühl, Lieblosigkeit, Nicht-beschenkt-Werden
Wer sucht, der findet

10. Vortragslied

»Komm in unsre stolze Welt« (aus: Fib)

11. Gebet

Weihnachten nicht zur Last
Humor bei Stress
Zugang: Deine Person, Jesus - größtes Geschenk

12. Musik

13. Dias

14. Ansagen

(Peter Stangenberg und Team)

Wie man Weihnachten unbeschadet überstehen kann - Survivaltipps für die Festtage

---

1) Bei allem Stress: Behalten Sie Humor.

2) Nehmen Sie Menschen wichtiger als Material.

3) Überfordern Sie sich nicht.

4) Suchen Sie einen Zugang zum Inhalt des Festes.

11. Was gibt Sicherheit?

Thema:
Wer Gott vertraut, erfährt seine Hilfe und wird frei von übertriebenem Sicherheitsdenken

Bibeltext:
David verzichtet auf militärische Sicherheit und setzt im Kampf gegen Goliat ganz auf Gott: 1. Samuel 17,31-50 i.A.

Vorbereitung/Materialien:
- Collagen zum Thema mit Werbung für Sicherheit (Pkt. 2)
- Aktenkoffer, Schlüssel, fiktiver Sicherheitsausweis für das Betreten der Firma (Pkt. 6)

Mitarbeiter:
- 2 Moderatoren
- Mann
- Frau
- Prediger

1. Musik

2. Begrüßung

Hinweis auf Folie/Collage (siehe S. 144) zum Thema mit Werbung für Sicherheit

Intelligentes in puncto Sicherheit

Vorsorge fürs Alter individuell gelöst.

VERSICHERN SIE SICH
BILLIGER UND
INTELLIGENTER

Altersvorsorge

Bundeswertpapiere

SICHERHEIT

AUF STABILEM PFAD

Warum sichern Investitionen
im Ausland Arbeitsplätze im
Inland?

elektronische Wegfahrsperre

Die Alarmanlage inklusive
Funkfernbedienung, Innenraumschutz
und Neigungsalarmgeber

Überrollschutzsystem

WENN WIR UNSERE AUTOMOBILE
KONSTRUIEREN, DENKEN WIR ZUERST AN
SICHERHEIT. AKTIVE UND PASSIVE
SICHERHEITSSYSTEME SIND BESTANDTEIL

3. Gebet

4. Lied

»Wer auf Gott vertraut, braucht sich nicht zu fürchten« (aus: Iwdd)

5. Informationen

6. Theaterstück (Skizze)

Mann (M) trifft Frau (F). In einem kurzen Gespräch erwähnt M, dass er sich mit einem Sicherheitsberater trifft, um sein persönliches Umfeld sicherer zu machen.

Daraufhin macht F deutlich, dass sie das ganze Streben nach Sicherheit nichts angeht. Sie braucht keine Sicherheit.

M hinterfragt diese Haltung und geht mit F im Gespräch einen Tagesablauf durch. Dabei werden die *Sicherheitsmaßnahmen, die einem begegnen,* besonders hervorgehoben.
Zum Beispiel:

- Sicherheitsschloss und Sicherheitsschlüssel beim Verlassen des Hauses.
- Der Sicherheitsgurt im Auto, der Sicherheitscode beim Autoradio.
- Durch die Sicherheitskontrolle mit einem Sicherheitsausweis in die Firma. In den Firmencomputer kommt er nur mit dem Passwort.
- Am Ende des Arbeitstages steht ein Treffen mit dem Datenschutzbeauftragten und die Datensicherung.
- Zu Hause muss er einige Reparaturen am Haus vornehmen. Dazu hat er Sicherheitskleidung und Sicherheitsschuhe.
- Außerdem braucht der Sicherungskasten einen neuen Sicherheitsverschluss.

- Dann schnell noch Dinge erledigen. Für die Urlaubsreise eine Reiserücktritts-Versicherung beim Versicherungsvertreter abschließen, schnell noch Windel mit Auslaufschutz (besonders sicher) und Sicherheitsnadeln kaufen.
- Am Abend stellt man sich zwei Wecker, um nicht zu verschlafen usw.

Am Ende sollte die Erkenntnis stehen, dass das Streben nach Sicherheit unser Leben zutiefst prägt.

7. Aktion

Umfrage im Gottesdienst: Warum streben Menschen nach Sicherheit?

8. Musik

9. Lesung

Der reiche Kornbauer als Beispiel für falsche Sicherheit (Lukas 12,16-21)

10. Lied

»Du bist mein Zufluchtsort« (Kanon) (aus: Iwdd)

11. Predigt

Wie die Spielszene gezeigt hat, durchzieht die Frage nach Sicherheit unser ganzes Leben. Auf Schritt und Tritt begegnen uns Sicherheitsmaßnahmen und -angebote, an die wir uns so sehr gewöhnt haben, dass wir sie nicht mehr bewusst wahrnehmen.

1) Die Sehnsucht nach Sicherheit

Bergsteiger auf dem Berg unterwegs, hat bereits manche Schwierigkeit gemeistert, kann stolz auf das bisher Erreichte blicken und steht nun vor einer schwierigen Aufgabe. Es gilt einen bedrohlichen Überhang zu meistern. Dazu braucht er Sicherheit. Er sucht nach Möglichkeiten, seinen Gurt irgendwo einzuhängen.

Wir Menschen gleichen vielfach einem Bergsteiger. Manche Steigung haben wir auf dem Weg unseres Lebens zu bewältigen – Herausforderungen, die Dinge des Lebens anzupacken und zu gestalten.

Vieles wurde bereits bewältigt. Stolz kann man auf manche schwierige Strecke zurückschauen, im Beruf, Familienleben, in Beziehungen, Krankheiten, persönliche Krisen usw.

Aber aus dem stolzen Rückblick wird schnell der sorgenvolle Ausblick, wenn die nächste steile Wegstrecke bevorsteht.

Plötzlich fragt man, wo es Halt gibt, wo man sich einklinken kann, um bei Fehltritten, bei Schwächeanfällen, Überforderung, Irrtümern oder unabsehbaren Ereignissen nicht abzustürzen.

Diese Frage wird angesichts sehr unterschiedlicher Erfahrungen gestellt.

- Man sucht nach Sicherheit angesichts der Arbeitslosigkeit, Rentenknappheit, Krankheit, Kriminalität.
- Man sucht nach Sicherheit angesichts der Zukunftsprognosen von Politik und Wirtschaft (Angst vor dem Euro).
- Man sucht nach Absicherung angesichts drohender Schäden und schließt alle möglichen Versicherungen ab.
- Man sucht nach Sicherheit angesichts von Menschen, die einem übel mitspielen und denen man sich ausgeliefert vorkommt.

Demjenigen, der nach Sicherheit sucht, bieten sich viele Angebote:

- Sicherheit durch die Erkenntnis der eigenen Möglichkeiten. Wissen, Kreativität, Erfahrung und Können sind großartige Handwerkszeuge.
- Sicherheit durch Menschen und deren Wissen, Kreativität, Erfahrung und Können.

Viele Sicherheitsfirmen machen Geschäfte mit dem Sicherheitsstreben:

- Versicherungen, die für den Schaden aufkommen, den sie nicht verhindern können.
- Religionen sowie andere spirituelle Angebote.

Ein Text der Bibel berichtet von solchen Erfahrungen (1. Samuel 17).

Saul, der erfahrene König, hat manchen Krieg erfolgreich geführt. Aber nun stellt sich eine Aufgabe, die alles Bisherige übertrifft. Sie begegnet ihm in einem Stellungskrieg mit den Philistern. Die beiden Heere haben sich verschanzt und keiner will den Angriff wagen. Dieser Stellungskrieg entwickelt seine eigenen Regeln und wird zum Psychoterror gegenüber Saul und seinen Israeliten.

Der Soldat Goliat, mit beeindruckenden Körpermaßen - 2,84 m groß und entsprechend stark. Sein eiserner Brustpanzer wiegt etwa 60 kg und die Speerspitze bringt es auf stolze 7,5 kg: Spöttisch fordert er einen Zweikampf mit einem der Israeliten. Er bietet an, dass dieser Kampf den Krieg entscheiden soll. Solche herausfordernden Reden hält er tagaus tagein - bereits vierzig Tage lang.

Bei König Saul und seinen Soldaten macht sich angesichts dieses Angebots die Panik breit. Sie stellen viele Überlegungen an, wie sie diesem Kampf begegnen könnten. Es bieten sich manche »Sicherheiten« an, Rüstungen, Begabung, List. Als besonderer Preis winkt eine Karriere als Schwiegersohn des Königs.

Aber alle Überlegungen, alle strategischen und militärischen Planspiele zeigen keinen Ausweg. Es gibt keine Sicherheit für diesen Kampf.

In dieser Situation kommt David, der Schafhirte, zum Heer. Er bekommt die Situation geschildert und fragt sich, warum Israel nicht endlich handelt. Warum nehmen sie es in Kauf, dass dieser Goliat täglich Israel und seinen Gott lästert? Unwissenheit eines militärischen Laien!

Als Saul von Davids mutigen Fragen erfährt, lässt er ihn zu sich kommen. *(V. 31-33 lesen.)* Für Saul ist klar: Angesichts der Bedrohung hat David keine Chance.

2) Die Erfahrung der Sicherheit

David rechnet mit der Realität des lebendigen Gottes. Er hat sein Leben Gott anvertraut und weiß, dass er in der Hand Gottes geborgen und sicher ist. Mit seinem Gott konnte er den Dingen des Alltags begegnen. Er rechnet mit einer anderen Sicherheit als Saul. *(V. 34-37a lesen.)*

Gott ist für David zum Sicherheitsfaktor geworden. David kann mit dem Gott rechnen, der von sich sagt, dass er über alle Dinge herrscht. Es gibt nichts, was sich diesem Gott entzieht, was ihn überfordert oder ihm entgeht. Gott hat alles in der Hand. Und dieser Gott liebt David und will für ihn nur das Allerbeste.

Ohne Vertrauen kann David diese Hilfe Gottes allerdings nicht erfahren. Nur weil er sich in bestimmten Situationen auf Gott verließ, erfuhr er, dass Gott da war.

Das Kreuz ist das Symbol für Jesus. In ihm ist uns der allmächtige Gott ganz nahe gekommen. Jesus lädt uns ein, unser Leben ihm anzuvertrauen. Mit der Realität Gottes für unser Leben zu rechnen.

Das ist ein bewusster Akt. Er geschieht dadurch, dass ich Jesus bitte, mein Leben in seine Hand zu nehmen.

Wer sich so Gott anvertraut, der macht seine Sicherheit an dem lebendigen und allmächtigen Gott fest. Ich darf wissen, dass er auf mich achtet. Er, der mich liebt, wird besonders achtsam mit mir umgehen.

Er, der alles beherrscht, ist bei mir, ganz nahe, mitten im Alltag. Er ist der entscheidende Sicherheitsfaktor.

Das macht David dem König Saul deutlich. Und Saul? Der lässt sich darauf ein - aber nur zum Teil. Er will mit der Realität Gottes rechnen. Aber nicht so ganz. *(V. 37b-40 lesen.)*

Saul will David wenigstens das Optimale an Sicherheit schaffen, das ihm noch möglich ist. So gibt er ihm seine Rüstung als Schutz und sein Schwert als Waffe. Er soll das Letzte, was menschlich gesehen noch Sicherheit bietet, benutzen. Saul handelt nach dem Motto: Gottvertrauen ist gut - zusätzliche Absicherung ist besser.

Das passt aber nicht zu David. Er kann mit dieser menschlichen Sicherheit nicht handeln. Er beginnt, im Gottvertrauen der Unsicherheit und der Bedrohung entgegenzutreten. Das formuliert er so: *(V. 45-46a lesen.)*

David glaubt fest, dass zwischen ihm und der Bedrohung der lebendige Gott steht, der auf ihn achtet. Er hat ihn an diesen Platz gestellt und nun wird er auch dafür sorgen, dass David in dieser hoffnungslosen Situation bewahrt bleibt.

So wie David darf ich in schwierigen Situationen des Alltags mit Gott rechnen.

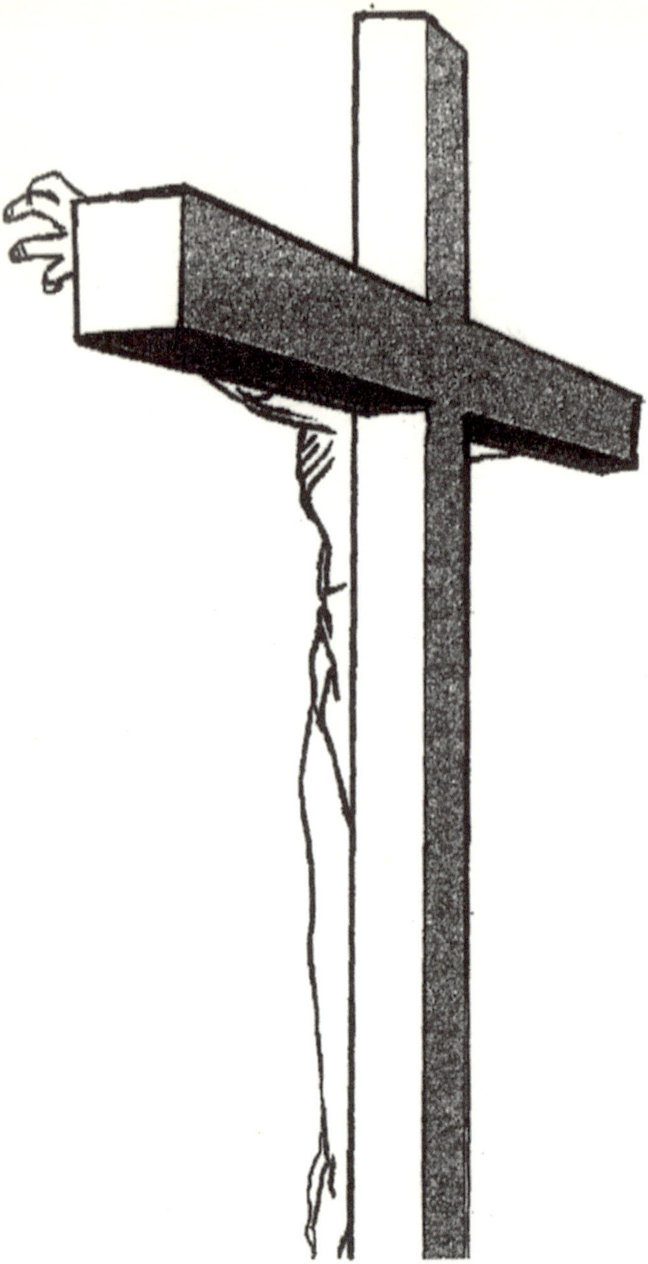

Nehmen wir die Dinge, in denen wir unsere eigene Begrenztheit erfahren. Die Dinge, die ich nicht mehr überblicke und die sich meinem Einfluss entziehen. Setze ich über diese Dinge Jesus. Er hat mich in meinen Alltag gestellt und er ist dabei.

Dann kann ich der Sorge und Angst vor Krankheit, Arbeitslosigkeit, vor wirtschaftlichen, sozialen, politischen, familiären Entwicklungen das Vertrauen zu Jesus entgegensetzen. Ich bin in seiner Hand, bin bei ihm sicher. Und alles, was mir begegnen wird, das muss erst an ihm vorbei. Auch wenn ich dem allen nicht gewachsen bin – Jesus ist es. Ihm kann ich vertrauen. So werde ich frei von übertriebenem Sicherheitsdenken, das mein Leben eingrenzt.

Er sagt: »In der Welt habt ihr Angst, aber seid getrost, ich habe die Welt überwunden.«

Dieses Vertrauen bedeutet nicht, dass ich leichtfertig das Leben gestalte. Jesus hat mir die Verantwortung für das Leben aufgetragen. Was ich tun kann, das habe ich zu tun. Aber worauf vertraue ich? Woran mache ich Sicherheit fest?

David erlebt, wie Gott auf ihn achtet. *(V. 48-50 lesen.)* Gott lässt die Bedrohung zu, aber er hilft, sie zu bewältigen. Dieses Wissen kann uns ruhig werden lassen, Geborgenheit schaffen.

Jesus lädt alle zu sich ein, die nach Halt und Sicherheit für ihr Leben suchen. Wir sollen uns bei ihm »einhängen« und dann im Vertrauen auf ihn weitergehen. Er achtet auf alle, die sich ihm anvertrauen.

12. Gebet

13. Lied

»Herr, weil mich festhält deine Hand« (aus: Iwdd)
– Kollekte –

14. Verabschiedung, Ansagen, Segen

(Siegfried Winkler und Team)

12. Alles umsonst?!

Thema:
Das Beste bekommen wir geschenkt

Bibeltext:
Gott bietet das Beste umsonst an: Jesaja 55,1-3

Vorbereitung/Materialien:
- Bettlerkleidung mit Hemd und Beutel (Pkt. 6)
- 2 Tische und Stellwände für 2 Marktstände, mehrere Lebkuchenherzen, Luftballon-Herzen (u.a. rot), Stangen, um die Herzen zu befestigen (Pkt. 7)
- Zettel für Gebetsanliegen

Mitarbeiter:
- Moderator
- 2 Männer
- Frau
- 2 Kinder
- Frau für Erfahrungsbericht
- 3 Personen für Fürbitte

1. Musik

»Feiert unsern Herrn« (aus: DbH 2)

2. Lied

»Kommt und lasst uns ziehn« (aus: DbH)

3. Begrüßung/Wort zum Gottesdienst

Hinweis auf die Gebetszettel
für Fürbitten

4. Eingangsgebet

5. Lobpreislieder

»Der Herr zieht aus« (aus: DbH 2)

»Sing, tanz, klatsch in deine Hände« (aus: DbH 2)

»Ihr werdet Wasser schöpfen« (aus: Mosaik/DbH 2)

6. Theaterstück

Der Bettler

1. Szene

Bettler *(sitzt im Schneidersitz auf der Bühne, Spot auf ihn gerichtet. Dann erhebt er sich, hebt sein Gesicht, geht auf das Publikum zu und fängt an zu erzählen):*

Ich ging als Bettler von Tür zu Tür die Dorfstraße entlang. Da erschien in der Ferne ein goldener Wagen wie ein schimmernder Traum, und ich fragte mich, wer dieser König der Könige sei. Hoffnung stieg in mir auf: Die schlimmen Tage schienen vorüber; ich erwartete Almosen, die geboten wurden, ohne dass man um sie bat, und Reichtümer, die in den Sand gestreut wurden. Der Wagen hielt an, wo ich stand. Dein Blick fiel auf mich, und mit einem Lächeln stiegst du aus. Endlich fühlte ich mein Lebensglück kommen. Dann strecktest du plötzlich die rechte Hand aus und sagtest: »Was hast du mir zu schenken?« Ich glaubte, ich hätte mich verhört. Welch ein königlicher Scherz war das, bei einem Bettler zu betteln! Ich war sprachlos, fassungslos. Wieder einmal machte ich meine Erfahrung als Bettler: Nichts gibt es umsonst. Überall muss man geben, wenn man etwas will. Und dann wollen sie von mir sogar mein letztes Hemd.

Ich war verlegen, stand unentschlossen da. Nahm schließlich aus meinem Beutel ein winziges Reiskorn und gab es dir. Das war alles, was ich noch hatte. Jetzt fühlte ich mich völlig leer, ohne etwas. Alles hatte ich hergegeben. Ich hatte den Eindruck, alles war umsonst!

(Licht aus, kurze Stille)

2. Szene

Bettler *(läuft auf der Bühne herum. Bleibt stehen. Dreht sich zum Publikum und spricht gedankenversunken ins Leere):*

Ich hatte dir alles gegeben, was ich noch hatte. Ich hatte den Eindruck, alles in mir ist leer. Ich spürte völlige Leere und Sinnlosigkeit. Doch wie groß war mein Erstaunen, als ich am Abend meinen Beutel umdrehte und zwischen dem wertlosen Plunder das kleine Korn wiederfand – zu Gold verwandelt. Da habe ich bitterlich geweint, und es tat mir Leid, dass ich nicht den Mut gefunden hatte, dir mein Alles zu geben.

(Licht aus, kurze Stille)

7. Lied

»Ich lieb dich, Herr« (aus: Iwdd)

8. Theaterstück

»Herzen zu verkaufen«

Verkäufer 1: Herzen zu verkaufen, Stück nur 5 DM. Herzen aus hervorragendem Lebkuchen! Beste Qualität! Nur 5 DM das Stück!

Verkäufer 2: Herzen zu verschenken! Schöne, rote Luftballonherzen, völlig umsonst. Herzen zu verschenken!

Verkäufer 1: Was, Herzen zu verschenken? Umsonst? Das gibt's doch nicht. Sie führen doch bestimmt etwas im Schilde. Da ist doch etwas faul dran. Sie müssen doch mit irgendetwas Gewinn machen. Sie können doch nicht Ihre Herzen verschenken! Wo gibt's denn heute noch etwas umsonst?

Verkäufer 2: Bei mir! Herzen zu verschenken! Hier, bitte schön. Wissen Sie, es macht mir einfach Freude, etwas zu verschenken. Ich selber bin so reich beschenkt worden. Ich bin glücklich und zufrieden. Und weil ich so reich beschenkt bin, möchte ich davon abgeben. Herzen verkaufen? Nein, das bring ich nicht übers Herz. Ich habe gemerkt: die Menschen brauchen das, dass sich jemand ein Herz für sie nimmt und ihnen Liebe schenkt. Sehen Sie nur, wie man damit Freude machen kann.

Verkäufer 1: Aber von verschenkter Luft und Liebe kann man sich doch nichts kaufen. Ich meine, irgendwie muss doch die Kohle reinkommen. Wovon wollen Sie leben? Die Kohle muss doch stimmen. Ab – Moment bitte, Kundschaft . . .

Kind 1: Hey guck mal – da gibt's Lebkuchenherzen.

Kind 2: Boah, wie die duften. Komm, wir kaufen eins.

Kind 1: Wir hätten gerne so ein Lebkuchenherz da.

Verkäufer 1: So – dann lasst mal erst euer Geld sehen. 2, 4 – he, das sind ja nur 4,50. Das reicht nicht für eines meiner Herzen. Guckt noch mal in euren Taschen, ob da nicht noch ein paar Pfennige drin sind. Wisst ihr, ich kann meine Herzen nicht einfach so verschenken.

Kind 2: Aber wir hätten doch so gerne ein Herz. Bitte, können Sie nicht eine Ausnahme machen? Wir haben nicht mehr Geld. Bitte, bitte, bitte ...

Verkäufer 1: Um Himmels willen, da könnte doch jeder kommen. Nein! Bei mir gibt's Herzen weder umsonst noch für 4,50 DM. 5 DM und keinen Pfennig weniger. Wo kämen wir denn da hin! Da zahl ich ja drauf.

Kinder: Oh. Schaaaaaaade ...

Verkäufer 2: Herzen zu verschenken! Schöne rote Luftballonherzen zu verschenken!

Kind 1: Boah, schau mal, so schöne rote Herzen. Komm wir holen uns da ein Herz.

Verkäufer 2: Kinder, ich verschenke Herzen. Ihr könnt alle Herzen haben. Hat's hier nicht noch mehr Kinder, die Herzen wollen? Mein Herz ist voller Freude! Ihr könnt alle meine Herzen haben!!!

9. Musik

»Gott ist gut« (aus: Fib)

10. Lieder

»Ich trau auf dich, o Herr« (aus: Iwdd)

»Du bist mein Zufluchtsort« (aus: Iwdd)

»Staunend stehen wir vor deinem Thron« (aus: DbH 2)

»Ewiger Gott« (aus: Iwdd)

11. Erfahrungsbericht

12. Lied

»Hosanna« (Aus: DbH 2)

13. Predigt

Ein Pfarrer hat in seinem Pfarrgarten hohe, dünne Tannen stehen. Eines Tages klettert seine kleine Katze auf eine Tanne. Sie kommt sehr schnell ganz hoch nach oben, aber nicht mehr herunter. Schreit voller Verzweiflung, jeder Kletterversuch ist für die Katz! Der Pfarrer überlegt sich, wie er sein Kuscheltier vom Baum runterkriegt. Er holt sein Auto und eine Schnur. Bindet das eine Ende der Schnur am Auto an, das andere Ende am Baumstamm. Fährt los in der Hoffnung, dass, sobald sich der Baum neigt, die Katze zum Boden runterklettern kann. Aber es kommt, wie es kommen muss. Die Schnur reißt. Der Baum schnellt hoch. Und wie von einem Katapult schleudert es die Katze in hohem Bogen über den Pfarrgarten und die Dächer der Stadt hinweg. Aus und vorbei war's mit der kleinen Katze im Pfarrhaus.

Zwei Wochen später trifft der Pfarrer eine Frau beim Einkaufen, die in der Nachbarschaft wohnt. Sie kauft Katzenfutter. Etwas überrascht fragt der Pfarrer: »Sagen Sie mal, Sie haben doch gar keine Katze. Was machen Sie denn mit soviel Katzenfutter?« »Herr Pfarrer«, antwortet die Frau. »Sie werden es nicht glauben. Saß ich vor zwei Wochen mit meiner kleinen Tochter auf der Terrasse. Sie bat mich darum, dass sie jetzt endlich eine Katze bekommt, die sie sich schon so lange wünscht. Dann hab ich ihr gesagt: Tja, du weißt, Tina, umsonst kriegt man nix. Du musst sparen oder fleißig für die Katze beten. Und wissen Sie was? In dem Moment flog vom Himmel eine Katze direkt in den Garten. Ein wahres Geschenk vom Himmel.«

In der Schweiz, wo diese Geschichte passiert ist, mag das stimmen, dass noch so ein echtes Geschenk vom Himmel kommt. Aber ist das bei uns die Realität? Oder ist nicht eher das die Wirklichkeit: Wenn Sie etwas haben wollen, müssen Sie dafür zahlen?

Liebe vom anderen: Dafür muss man etwas tun. Es fängt mit Augenzwinkern an (Sie zahlen mit der Zeit vor dem Spiegel), geht über den ersten Liebesbrief (Sie zahlen mit Tinte, Papier, Porto), geht über den ersten Kuss (Sie zahlen mit furchtbar viel Aufregung), den ersten und leider nie letzten Besuch im Eiscafé (Sie zahlen mit vom Munde abgespartem Baren), das geht über die erste und auch nie letzte Krise (Sie zahlen mit unendlich viel Nerven, Enttäuschung, Verletzungen) usw. Liebe gibt es nicht umsonst.

Das geht weiter mit dem *Erfolg:* Er kostet Sorgen ohne Ende. In der Vorschule darf ich mich nicht dümmer anstellen als die anderen. In der Grundschule muss ich die weiterführende Schule erreichen. In der Schule Zeugnissorgen. Muss mich ja bewerben können. Die Konkurrenz ist groß. Am Arbeitsplatz Hochleistungssorgen. Andere sind besser als ich, schneller als ich, günstiger als ich. Es kostet einen hohen Preis, dabei zu bleiben. Auf einem Level zu bleiben, auf dem sich leben lässt. Es kostet einen hohen Preis, aus dem Leben all das herauszuholen, von dem wir meinen, dass es drinsteckt. Industrie: »Wir müssen vom Besten lernen, um gut genug zu sein.« Auf der Suche nach dem Besten. Finden, vergleichen. Besser machen. Ich muss das Beste geben, um mehr vom Leben zu bekommen.

Wenn der Preis zu hoch ist, zahlen viele sogar mit dem *Leben.* Sucht. Nicht zu bewältigender Stress, fehlender Lebenssinn nach Zeit der Verausgabung und Vereinnahmung, zum Beispiel Mutter – Familie – Kinder. Menschen bezahlen viel mit dem Leben. So, als ob alles umsonst gewesen wäre.

Ist alles umsonst, weil ich letzten Endes überall draufzahlen muss? Zunächst das letzte Hemd geben, dann den Löffel auch noch abgeben? Gibt es nichts umsonst, was dem Leben die Krone aufsetzt?

Jesaja 55,1-3: »Wohlan, alle, die ihr durstig seid, kommt her zum Wasser! Und die ihr kein Geld habt, kommt her, kauft und esst! Kommt her und kauft ohne Geld und umsonst Wein und Milch! Warum zählt ihr Geld dar für das, was kein Brot ist, und sauren Verdienst für das, was nicht satt macht? Hört doch auf mich, so werdet ihr Gutes essen und euch am Köstlichen laben. Neigt eure Ohren her und kommt her zu mir! Höret, so werdet ihr leben.«

Hier geht's zwar nicht um Leib- und Magenspeise. Aber um das Wichtigste fürs Leben, was sich um keinen Preis der Welt erwirtschaften, erkämpfen, erlieben, erehrgeizen lässt.

- *Wasser:* Das Wasser, das Gott über die tote Erde fließen ließ und womit er die Erde fruchtbar machte. Assoziation – der Garten Eden, das Paradies: Strom, der den Garten bewässert. Wasser schuf das Paradies auf Erden. So, wie Jesus gesagt hat: »Wer an mich glaubt, von dem werden Ströme lebendigen Wassers fließen. Totes Land lebt! Wo ausgetrocknetes Land in dir ist, weil du zuviel geben musstest oder zuviel Wasser schlucken musstest, ohne dass Neues kam – komm zu mir und hol dir in meinem Wort Wasser des Lebens. Umsonst!
- *Wasser:* Das einzige Mittel, mit dem man den Dreck wegbekommt. Nix mit Meister Propper und Ajax. So, als ob Gott dem Menschen sagen will: Bei mir gibt es die Möglichkeit, ins Reine zu bringen, was befleckt und verschmiert ist. Wenn du dich so dreckig fühlst nach der letzten Zeit, weil du mit soviel Falschgeld zahlen musstest, um deine Familiengeschichte zu retten, komm und lass dich bei mir reinigen. Das hört sich an wie Werbung: Der Meister aus Nazareth putzt so sauber, dass man sich wieder sehen lassen kann, und damit leben kann. Umsonst!
- *Wein:* Haupterzeugnis des Landes Juda. Dafür schuftete man. Dafür investierte man Zeit, Können, Wissen. Um die besten Reben zu züchten. Um gut zu sein. Das alles kostete seinen Preis. Juda war anscheinend bekannt für seinen edlen Tropfen. Ihr meint, wenn ihr mit eurer Hände Arbeit und Mühe etwas erwirtschaftet habt, kennt ihr Erfolgserlebnis, das Hochgefühl schlechthin. Aber macht die Getränkerechnung nicht ohne den Wirt. Überlegt euch, Leute von Juda und . . . *(eigenen Ortsnamen einsetzen)*, warum ihr arbeitet und schuftet. Wenn ihr eure Zeit wisst und sie mal 100 nehmt – das will ich euch geben. Das Glücksgefühl des Lebens bekommt ihr dann, wenn ich euch dienen darf. Wenn ich mit meiner Hände Arbeit zum Besten dienen darf. Ich bin nicht nur der, der dir Kraft gibt für die Arbeit, ich bin, der dir den Halt gibt durch ein Wort, das hält, was es verspricht. Wenn ihr mühselig und beladen seid . . . Rufe mich an in der Not, ich will euch stärken, gürten. Du, bei mir bekommst du für dein Produkt, für deinen Ertrag noch viel Besseres. Das ist wie Werbung. Kenner trinken Württemberger. Besserwisser lassen sich vom besten Weingärtner persönlich bedienen.
- *Milch:* Orientale meint damit das Beste, eigentlich das Fett, das Vorzüglichste. Milch ist das Bild für die Fruchtbarkeit. Für Wohl-

> schmeckendes. Was man Kindern gibt, damit sie groß und stark werden. Muttermilch. Höre ich falsch, wenn hinter diesen Worten einer zu mir sagt: Wenn du damals zu wenig bekommen hast, wenn du leer ausgegangen bist bei dem, was man mit der Muttermilch noch alles an Fürsorge, Liebe, Verständnis zu Hause aufsaugt . . . Bei mir kannst du den immer noch nagenden Hunger danach stillen lassen. Lebenshunger stillen lassen bei Gott. Schmeckt himmlisch.

Da ist einer, der uns umsonst gibt. Der für unser Leben bezahlt hat. Uns kostet es nichts, sich von ihm bedienen zu lassen. Ihn dagegen hat es alles gekostet. Er hat bezahlt. Auf seine Kosten bekommen wir das Beste! All you can eat! Warum? Keiner soll verhungern. Keiner soll verloren gehen. Keiner soll draufzahlen. »So sehr hat Gott die Welt geliebt, dass er seinen einzigen Sohn gab, damit alle, die an ihn glauben, nicht verloren werden, sondern das ewige Leben haben« (Johannes 3,16). Um keinen Preis der Welt können wir mehr vom Leben kosten, als wenn wir uns das Beste vom Himmel schenken lassen.

14. Rückfragerunde an Prediger

15. Lied

»Gott hat den Sieg« (aus: DbH 2)

16. Fürbitte

Anhand der Gebetszettel, die ausgeteilt, ausgefüllt und eingesammelt wurden

17. Vaterunser, Segen

18. Schlusslied

»Vater, wir geben dir die Ehre« (aus: DbH 2)

19. Einladung zum Buffet

(»All you can eat«)

(Heiko Bräuning und Team)

»Während Ihres Gottesdienstes haben wir ein paar Verbesserungsvorschläge zusammengestellt.«

13. Geburtstags-/Jubiläums-Gottesdienst

Thema:
Gemeinsam sind wir stark – zum fünften Geburtstag des Oase-Gottesdienstes

Bibeltext:
Die Freunde des Gelähmten überwinden gemeinsam alle Schwierigkeiten und bringen ihn zu Jesus: Markus 2,1-12

Vorbereitung/Materialien:
- Schraubenzieher, fünf abmontierte Nummernschilder (Vorzugsweise des Pastors und einiger Mitarbeiter!), Fotoapparat mit Blitzlicht, Polizeiuniform, zum Verteilen Kugelschreiber, Aufkleber oder letzte Gemeindezeitung (alles mit Gottesdienst-Logo) (Pkt. 6)
- Zettel für Gebetsanliegen
- 2 Stehpulte, besprochene Kassette, Kassettenrekorder, 2 Schilder mit Aufschrift »1 Jahr« (vorne), »2 Jahre« (hinten), 2 Talare, 2 Sonnenbrillen, CD mit fetzigem Musikstück (z.B. Dieter Falk, CD Coulors, Nr. 1) (Pkt. 10)
- Postfahrrad, Posttasche, statt Briefe Puzzle in großen Umschlägen, langes Formular, 2 Stempel (Pkt. 16)

Mitarbeiter:
- Moderator
- Polizistin
- Postbote
- Empfängerin
- 2 Prediger: P1 und P2

1. Musikstück

»Wenn Gottes Volk feiert« (aus: DbH 3)

2. Lied

»Ja, heute feiern wir« (aus: DbH 2)

3. Begrüßung

4. Eingangsgebet

5. Lobpreislieder

»Aus dem Felsen fließt ein Strom« (aus: DbH 3)

»Gott ist gut« (aus: Fib)

6. Theaterstück

Polizistin

Polizistin kommt herein mit fünf von parkenden Autos abmontierten Nummernschildern. Lässt sie im Raum fallen.

(Schimpft): ... heiliges Blechle ... (usw.) Ich habe hier fünf Nummernschilder – darf ich einmal vorlesen.

(Kommt in die Mitte des Raumes und liest ein Schild nach dem anderen vor) Ist der Besitzer des PKW zufällig im Raum?

(Geht langsam nach vorne.) Darf ich Sie bitten, zur Anhörung nach vorne zu kommen? Halten Sie mal Ihr Blechle . . . ja, so, auf diese Höhe . . .

(Jeder Einzelne wird fotografiert. Dann liest die Polizistin die einzelnen Beschuldigungen vor.)

- ◇ Sie haben Ihre Schwiegermutter im Auto vergessen . . .
- ◇ Sie haben Ihr Auto im Halteverbot geparkt. Es tut mir Leid, wir mussten es bereits abschleppen lassen . . .
- ◇ Reifenprofil
- ◇ TÜV abgelaufen
- ◇ In Ihrem Kofferraum, da . . . da klopft's . . .

Aufgrund der heutigen Geburtstagsfeier könnten wir noch ein Auge zudrücken. Was zahlen Sie, damit Sie wieder auf Ihren Platz dürfen?

Naja, damit Sie in der Zukunft mit der Polizei weniger Schwierigkeiten haben, sollten Sie unbedingt darauf achten, dieses Schildchen am Auto mitzuführen – Sie verstehen – hinten aufkleben, und schon wird's mit der Polizei alles leichter . . .

Ja, bitte setzen Sie sich . . . *(hilft den Angezeigten von der Bühne)*

(Ins Publikum) Und die Moral von der Geschicht: Vergesst niemals euren OASE-Aufkleber nicht!!!

7. Lieder

»Bahnt einen Weg unserm Gott« (aus: DbH 2)

»Vater, ich komme jetzt zu dir« (aus: DbH 3)

»Großer, herrlicher Gott« (aus: DbH 3)

»Niemand als du« (aus: DbH 3)

»In dir ist mein Leben« (aus: DbH 2)

8. Erfahrungsbericht (heute als Interviewrunde)

9. Lied

»In deinem Haus bin ich gern, Vater« (aus: LL)

10. Dialogpredigt

I. *(Links und rechts ein Rednerpult. Beide Prediger (P1 und P2) alltagsmäßig angezogen. Der Erste fängt an zu predigen, theologisch hochtrabend.)*

P1: Unser deutsches Wort »Kirche« kommt von dem griechischen »kyriake« und heißt soviel wie »dem Herrn zugehörig«, Haus oder Hausgenossenschaft des Herrn. Im Neuen Testament kommt dieser Ausdruck noch nicht vor. Kirche wird dort vor allem als »ekklesia« bezeichnet und bedeutet soviel wie Volksversammlung, die durch Gott um ihn selbst Versammelten, sein »Volk, die Herausgerufenen«. Paulus spricht von der Kirche als dem »soma Christou«. Sie besagt, dass diese Versammlung mehr, ja etwas anderes ist als der Zusammenschluss von Individuen um ein gemeinsames Anliegen. Sie ist Lebenseinheit mit dem durch seinen Geist gegenwärtigen Christus. Die Kirche als geistgewirkte Christusgemeinschaft . . .

(Der zweite Prediger kommt hinter der Bühne hervor, hat ein Kissen und einen Wecker dabei. Beugt sich über das Rednerpult und schaut gelangweilt bzw. schläft, bis der Wecker klingelt. Geht auf den ersten Prediger zu.)

P2: Auszeit! Du, das ist theologisch viel zu hochtrabend. Lass mich mal! *(Geht an sein Rednerpult, fängt Bla-bla-Predigt an. Verstaut sein Kissen nach unten. Bringt fetzige Bla-bla-Predigt.)*

(P1 läuft währenddessen, zwischendurch laut betend: »Herr, wirf Hirn vom Himmel . . .«, hinten im Kreis herum.)

P1: Wo steht das in der Bibel? Du kannst nicht irgendetwas aus dem hohlen Bauch daherlabern. Muss Hand und Fuß haben. War doch abgemacht, dass ich predige. Warum hast du dich nicht daran gehalten?

P2: Ich hab's mir halt anders überlegt.

P1: Aber was du hier ablässt, ist doch gar nicht biblisch. Überlass mir das mit dem Predigen. Da kenne ich mich besser aus als du.

P2: Natürlich kannst du alles besser . . . Seit du da bist, kannst du alles besser. Von Anfang an mischst du dich überall ein.

P1: Jetzt übertreib nicht. Und flipp nicht aus. Du drängelst dich doch sonst immer überall vor. Aber gut, ich hab's gleich gewusst, dass mit dir nichts gemeinsam möglich ist. Ich wurde ja nur gezwungen, was mit dir zusammen zu machen. Ich hab die Nase voll. Vergiss es am besten. Ich geh jetzt. Mach doch, was du willst.

P2: Mach's doch wie immer - einfach abhauen - Geh doch hin, wo der Pfeffer wächst!

(P1: geht zur Türe raus. P2 ruft hinterher:)

P2: Typisch . . . *(Namen einsetzen),* immer gleich eingeschnappt! *(Zur Gemeinde gewandt:)* Tut mir Leid, ich muss mit ihm reden - bitte macht mal woanders weiter. Gemeinsam kriegen wir wohl nichts auf die Reihe.

(Moderator überredet verlegen die Band, ein Lied zu spielen.)

II. *(P1 und P2 kommen, beide im Talar, gemeinsam im Takt zur Musik herein und stellen sich jeder an sein Pult. Beide haben ein Schild in der Hand. Bei P1 steht drauf: »1 Jahr später«. Bei P2: »2 Jahre später«. Schauen sich gegenseitig an, langen sich beide an den Kopf (Achtung: Gestik aufeinander abstimmen!) und drehen beide das Schild um. Bei P1 nun: »2 Jahre später«, bei P2 »1 Jahr später«. Musik endet.)*

(Es läuft über Kassette traditionelle Predigt über das Thema Gleichsein vor Gott, gemeinsam besprochen. Gestik und Mimik muss synchron sein.)

Liebe Festgemeinde,

es ist schön, dass wir heute zusammen den fünften OASE-Geburtstag feiern dürfen. Und das noch mit dem Thema »Gemeinsam sind wir stark«. Macht uns nicht gerade das Zusammenwirken unterschiedlicher Menschen stark? Schauen Sie uns an, jeder ein Original für sich. Wir kommen zum ersten Punkt: Gleichheit. Gleichheit ist die Forderung besonders der Aufklärung, begründet durch die allgemeine Natur des Menschen, nach der alle gleich sind, da sie denselben natürlichen und sittlichen Gesetzen unterworfen sind; steht im Gegensatz zur konkreten Ungleichheit im gesellschaftlichen Leben aufgrund der spezifischen Situation, in die der Mensch gestellt ist. Letzterer von Rousseau als Verfallsphänomen der Zivilisation bezeichnet. Im Blick auf ein anderes Bedeutungsfeld des biblischen Begriffes »Soma« beginnen wir gleichfalls wieder verschüttete Wahrheiten neu zu entdecken.

(P2 fängt ab dem Wort » Wir kommen zum ersten Punkt: › Gleichheit‹ « an, im Wechsel mit P1 zu reden. Gestik muss weiterhin synchron bleiben. Kassette läuft im Hintergrund weiter.)

P2: Psst! Ich komme mir hier total überflüssig vor.

P1: Ja, mir geht es auch schon so ähnlich. Aber wieso siehst du auch total gleich aus wie ich? Wieso hast du auch einen Talar angezogen?

P2: Du weißt doch, dass ich eigentlich auch gerne Theologe wäre. Du kommst bei den Leuten voll gut damit an. Da weiß man halt, dass das richtig ist, was du sagst.

P1: Aber du mimst ja auch meine Handbewegungen total nach.

P2: Ja gut, ich meine, deine Gestik, die überzeugt einfach und die ist ein bissle fetzig und so und deswegen, habe ich gedacht, mache ich das einfach so ... Aber du hast sonst nie eine Sonnenbrille auf! Warum dann heute und dazu noch im Gottesdienst?

P1: Naja, auf das Bild in der Oase-Zeitung, da haben mich die Leute immer darauf angesprochen, wie es dem Mann mit der Sonnenbrille geht ... und da war ich einfach total neidisch drauf. He, wieso gehst du denn jetzt eigentlich wieder in den Gitarrenunterricht?

P2: Wer hat dir das erzählt? Ja gut ... also, wie du immer den Lobpreis hier in der Oase machst, das ist ja wirklich gigantisch, gell, und da habe ich gedacht, ich geh' halt mal hier ein bissle üben. Aber seit wann hast du jetzt einen Passat? Ich habe dich doch gestern in einem Passat fahren sehen, oder?

P1: Mit meiner alten Rostlaube, da bin ich nicht mehr so weit gekommen ... Außerdem hat mir dein Navigationssystem so gut gefallen, deswegen überlege ich, mir auch einen zu kaufen ... Ach, wo's gerad darum geht – warum hast du eigentlich dienstagabends jetzt keine Zeit mehr?

P2: Es geht halt nicht mehr.

P1: Jetzt sag schon.

P2: Ich habe mich bei der Volkshochschule zum Griechisch-Grundkurs angemeldet. Bei deinen Predigten machst du immer einen Griechisch-Kurs und die Leute sind total fasziniert und kommen jedesmal, wenn du predigst, nur dass sie nichts verpassen. Hast du meine Lieblingsgeschichte schon im Griechischen gelesen?

P1: Wieso, was hast du für eine Lieblingsgeschichte?

P2: Na da, wo sie den Lahmen bringen und das Dach abdecken.

(P2 erzählt Markus 2,1-12:) Ich stell mir das so vor: Da liegt ein Mann irgendwo hier vor dem Supermarkt und bettelt um etwas Geld. Und da kommt einer vorbei, sieht das und denkt: »Der braucht kein Geld, der braucht diesen Jesus, der gerade hier überall auftritt und Menschen wieder gesund macht.« Weißt du, so ein voll kreativer Mann, der sich schon ausmalt, wie er ihn auf einer Trage zu Jesus bringt, der ihn berührt und der Lahme wieder gesund wird. Nur, er weiß nicht, wie er es anpacken soll. Die Idee ist ja nicht das Problem, aber wie diese realisieren. Er rennt auf einen anderen zu und überfällt ihn mit dieser Idee von der Heilung. Der andere meint: »Großartig, lass mich das mal in die Hand nehmen.« Und ehe er sich's versieht, hat er schon zwei Helfer und eine Trage besorgt. Ein echtes Organisationsgenie. Ohne viel Aufhebens zu machen, wird das erledigt. Sie packen den Kranken darauf und gehen dorthin, wo sie gehört haben, dass sich Jesus aufhält.

Doch da erleben sie die Niederlage. Eine riesige Menschenmenge ist um diesen Jesus versammelt, der in einem Haus predigt. Sie versuchen, die Menschen, die wie eine Traube vor der Tür stehen, zu überreden, dass sie auf die Seite gehen. Doch die schreien nur: »Haltet endlich eure Klappe!« »Alles organisieren, alle Mühe umsonst!«, denkt sich der Organisator. Doch der Kreative denkt schon weiter. »Wir müssen aufs Dach und das Dach abdecken. Dann lassen wir ihn nach unten.« Der Organisator hat in aller Eile Seile besorgt, und so machen sie sich gemeinsam auf den Weg zum Dach. Doch wie soll man das Dach abdecken, ohne dass das ganze Haus einstürzt? Einer der beiden Helfer, ein Handwerker mit Leib und Seele, schaut sich genau an, wo die Dachbalken laufen, und bevor die anderen schauen können, ist das Dach schon abgedeckt. Sie lassen den Lahmen gemeinsam zu Jesus hinunter. Jesus schaut fragend nach oben. Allen schnürt es die Kehle zu. Nur der Vierte im Bunde fasst sich ein Herz und spricht zu Jesus: »Wir wissen, dass du ihn heilen kannst.« Er hatte nämlich die Gabe und den Mut, vor anderen zu sprechen.

P1: Hey, den Typ mit seinen Ideen, den kann ich voll gut verstehen! Wie der sich gefühlt hat in der Situation, so eine kreative Idee zu haben - aber dann einfach nicht wissen, wie er sie umsetzen soll.

P2: Wieso, das mit dem Umsetzen finde ich kein Problem. Weisst du, das in die Hand zu nehmen und zu organisieren, das würde mir echt liegen. Bloß auf die Idee erst zu kommen. Das finde ich das Abartige.

P1: O Mensch, stell dir mal vor, wir wären in der Geschichte mit dabei gewesen. Ich hätte die Idee gehabt ...

P2: ... und ich hätte überlegt und organisiert, wie wir sie umsetzen. Vermutlich hätten wir nur ein Problem gehabt!

P1: Stimmt! Den Lahmen aufs Dach zu bringen und das Dach abzudecken.

P2: Du mit deinem kaputten Kreuz hättest den Lahmen bestimmt nach fünf Stufen wieder runtergeworfen.

P1: Du brauchst grad was sagen. Ab Windstärke 3 darfst du doch nur noch mit einer Eisenkugel rumlaufen, weil dich sonst der Wind wegweht. Du wärst bestimmt zusammengebrochen und nicht mehr aufgestanden.

P2: O.K. Wenn wir beide diesem Lahmen helfen wollten, würde die Geschichte bereits an der fünften Treppenstufe enden. Oder wir würden noch Leute finden, die mitmachen.

P1: Wir bräuchten jetzt noch irgendwie einen, der da ein bisschen handwerklich begabt ist. Der das Dach abdecken könnte. Und einen, der zupacken kann.

P2: Und einer wäre gar nicht schlecht, der nachher, wenn wir ihn runterlassen zu Jesus da - der dann irgendwie sagt, was Jesus mit ihm machen soll. Der so Beziehungen aufbauen kann und den Mut hat, andere anzusprechen.

P1: Stimmt, so würden wir es auch schaffen.

P2: *(Kleine Pause)* Du, wenn ich drüber nachdenke, finde ich auch, dass das mit den Ideen voll Deins ist. Darum verstehe ich auch nicht, warum du so sein willst wie ich und zum Beispiel eine Sonnenbrille aufziehst oder einen Passat fahren willst. Das passt überhaupt nicht zu dir, das ist doch gar nicht deine Art und das wirkt eher gekünstelt. Sei doch einfach, wie du bist, das ist doch viel, viel besser!

P1: Deswegen verstehe ich auch nicht, dass du Griechisch lernst und so'n Zeug. Was willst du denn damit, das blockiert dich doch bloß, so zu sein, wie du bist. Weißt du, deine Art, von Jesus zu reden ohne diesen theologischen Anspruch, spricht doch auch so viele Menschen an, bei denen ich meine Schwierigkeiten habe.

P2: Eigentlich hast du Recht. Weißt du was, ich finde dich als Theologen zwar toll, aber ich brauch keinen Talar! Das passt gar nicht zu mir. Ich zieh ihn einfach aus.

P1: Hast mich überzeugt. Die Sonnenbrille schenk ich dir, ich hab nämlich nie eine auf. Meine Freundin hat sowieso gemeint, die sieht voll doof an mir aus. Die gehört einfach zu dir. Und zu mir gehören andere Dinge. Ich will dir jetzt noch was erzählen, was mich zu dem Thema »Gemeinsam sind wir stark« sehr stark beschäftigt.

- Stell dir vor, du müsstest deine *Schuhe binden* und hättest *nur eine Hand* und nur einen Arm, nur weil der andere Arm sich armselig vorkam und Hand in Hand mit der Hand dir *beleidigt* den Rücken kehrt. Versuch's mal! Und stell dir vor, jemand fordert dich zu einem *Boxkampf* heraus! Ob du stark genug wärst?
- Stell dir vor, du müsstest den ganzen Tag auf *nur einem Fuß* leben, weil sich dein anderer Fuß überlegt hat, nicht mehr Fuß sein zu wollen, und *dich im Regen stehen* lässt. Stell dir vor, dich fordert so einfüßig noch jemand zu einem *Wettrennen* heraus! Ob du stark genug wärst?
- Wenn du sagen würdest, hier in der Gemeinde brauchen sie mich nicht. Ich bin eh zu *jung.* Dann ist das für uns als Gemeinde so, als ob wir den ganzen Tag *auf einem Bein* leben müssten. Irgendwann würde man das *Gleichgewicht verlieren und umkippen.*
- Oder wenn du sagen würdest, ich *bin zu dumm* und hab sowieso *zwei linke Hände.* Dann ist das gerade so, als ob die Gemeinde sich mit nur einer Hand die Schuhe binden müsste oder andere Aufgaben erledigen müsste, die sie eigentlich nur mit zwei Händen erledigen kann. Das wär auf die Dauer ein *echtes Handicap!*
- Oder wenn du sagen würdest: Ich steck gerade bis zum *Hals im Wasser* und du willst *den anderen nicht mit hineinziehen.* Dann ist das für eine Gemeinde so, als ob jemand Fieber hat, und erst tut's einem nur an einer Stelle weh – im Hals zum Beispiel. Und nach kurzer Zeit tut einem so langsam jeder Knochen weh. Eine Krankheit, die man nicht behandelt und kuriert, die breitet sich aus, und es kann sein, dass man daran stirbt! Paulus sagt es ein bisschen anders: »Wenn ein Glied leidet, so leiden alle Glieder mit.« Und dagegen verschreibt er ein richtig gutes Rezept:

»Wir, denen es im Moment gut geht, sollen die tragen und begleiten, denen es im Moment nicht so gut geht.« (Römer 15,1)
»Nun aber hat Gott die Glieder eingesetzt, ein jedes von ihnen im Leib, so wie er gewollt hat.« (1. Korinther 12,18)

P2: Mit den eigenen Gaben umzugehen, das bekommen wir ja vielleicht noch in den Griff, aber mit den Gaben des anderen konfrontiert zu werden – da wird es erst schwierig.

Geht es dir da nicht auch oft wie uns am Anfang: Man will die Gaben und das, was der andere kann, gar nicht akzeptieren. Man greift ihn an und fordert ihn heraus oder fängt gar einen Streit an, der wirklich nicht sein müsste.

Kennst du aber auch das Gefühl, zwar körperlich größer zu sein als der andere, aber wenn du neben ihm stehst, dir so klein vorzukommen? Ich muss zugeben, dass mir das gelegentlich so geht. Du siehst, wie der andere moderiert, predigt, singt, Gitarre spielt und eine Idee nach der anderen hat. Das laufende Gabenbündel.

Wozu neigen wir, wenn wir nicht in Frust verfallen wollen? Wir versuchen, den anderen zu kopieren. Wisst Ihr, wie es aussieht, wenn ich den anderen versuche zu kopieren? Ich habe einmal versucht, P1 *(Name einsetzen)* zu kopieren. Wisst Ihr, wie das aussieht? Ich habe P1 dazu mal auf den Kopierer gelegt. (Schwarzweiß-Kopie in DIN A3 von P1's Gesicht hochheben.) Aber das bleibt immer eine billige Kopie. Willst du so als billige Kopie rumlaufen?

Gott hat jeden von uns individuell gemacht und nicht als Kopie. Das fängt schon beim Fingerabdruck an. Ich kann das nur bekräftigen, was P1 (. . .) darüber gesagt hat, dass wir uns gegenseitig brauchen wie ein Fuß den anderen. Ich möchte es anhand eines Puzzles erklären. Was ist, wenn in einem Puzzle ein Teil fehlt? Du bist zum 999. Puzzleteil eines 1000-teiligen Puzzles gekommen, aber das letzte Teil fehlt. Es bleibt ein Loch. Es bringt da auch nichts, wenn dafür ein anderes Teil doppelt da ist. Man braucht jedes einzelne Puzzleteil. Genauso braucht Gott dich an dem Platz, an den er dich gestellt hat. Versuche nicht, ein anderes Puzzleteil zu werden. Sonst haben wir zwei doppelt, aber ein wichtiges fehlt.

P1: (. . .) wie wär's, wenn wir zum Schluss noch was zusammen machen?

P1: Was denn?

P2: Wie wär's mit einem Lied?

P1: Kennst du eines zum Thema »Gemeinsam sind wir stark«?
P2: Nein, aber dir fällt bestimmt was dazu ein.
P1: Wie wär's damit?

11. Lied

»Gemeinsam sind wir stark«

12. Fragerunde an die Prediger

Humorvolles und Ernstes (7 Minuten).

13. Lied

»Jesus gab ein neues Lied in unser Herz« (aus: DbH 2)

14. Fürbitte

Drei Fürbitter, anhand der Gebetszettel, die ausgeteilt, ausgefüllt und eingesammelt wurden

15. Vaterunser und Segen

Gemeinsam sind wir stark

Text/ Musik: Heiko Bräuning

16. Theaterstück

Das Postpaket

P = Postbote *E = Empfängerin*

(Postbote kommt auf einem Postdrahtesel reingefahren. In seinem großen Postsack hat er so viele Briefumschläge, wie Gottesdienstteilnehmer da sind. In jedem Umschlag ist ein kleines Geschenk.)

P: Post für das Geburtstagskind Oase, Post für die Oase, Post für das Geburtstagskind!!!

E: Was, Post für mich? Endlich Post zum Geburtstag! Her damit, schnell, schnell!

P: *(In gemächlichem Ton)* Langsam, langsam – was heißt hier schnell, schnell?! Wir sind schließlich von der Post . . . Jetzt muss ich erst mal mein Fahrrad abstellen . . .

E: *(Hektisch)* Schnell . . . nun machen Sie schon . . .

P: *(Immer noch gemächlich)* So ein hektisches Frauenzimmer . . . Haben Sie eigentlich auch einen Hund, der beißt? So, Sie haben Geburtstag! Herzlichen Glückwunsch!

E: Ja, danke – aber . . ., könnte ich schnell die . . .

P: Moment, jetzt suche ich erst mal raus . . . Ach! Alles für Sie! Sagen Sie, was machen Sie mit der ganzen Post?!

E: Lassen Sie doch mal sehen!

P: *(Hält ihr einen Umschlag hin)* Würd ich Ihnen schon gerne geben . . . *(zieht den Umschlag wieder weg),* aber ein Problemchen hätten wir da noch. Es fehlt ein Zehnerle. Das macht, wenn ich das so hochrechne, insgesamt . . . so in etwa . . . ganz genau . . . ca. 150 DM.

E: Was, so viel? So viel Geld habe ich nicht da! Traudel! Traudel! Hast du nicht noch ein paar Briefmarken für mich da? *(flehend zum Postboten)* Ach, seien Sie doch nicht so – das bricht Ihnen doch auch keinen Zacken aus der Marke!

P: Ich habe meine Vorschriften! Das Zehnerle fehlt – wir sind bei der Post genau!

E: Seien Sie doch nicht so hart. Ich lade Sie auch zum Geburtstagskaffee ein. *(Deutet auf den imaginären Kuchen)* Sehen

Sie doch all den guten Kuchen dort! Ich habe mich so auf die Post gefreut!

P: *(Guckt zum Buffet)* Da sollten wir drüber reden. Die Post kann warten . . .

E: Nein, geben Sie schon her!

P: Tja, Sie müssen allerdings hier noch unterschreiben. *(Zieht langes Formular heraus und Stempel, erst den falschen, fängt an, das Formular zu stempeln)* Also, gehen wir jetzt Kaffee trinken?

E: Ja klar, aber erst muss ich meine Post durchschauen. Helfen Sie mir?? Helfen Sie mir!!!

P: *(Brummelt widerwillig, aber hilft.)*

E+P: *(Gehen einer nach rechts, einer nach links, und rufen Geburtstags-Post.)*

17. Schlusslied

»Groß ist unser Gott« (aus: DbH 3)

(Heiko Bräuning und Team)

14. Lebenskonzepte

Thema:
Die Prioritäten meines Lebens

Bibeltext:
Der verlorene Sohn: Lukas 15,11-24

Vorbereitung/Materialien:
- Motorrad, Motorrad-Sound über Kassette (selbst aufnehmen) oder DX-7, Helm, Kombi, Hanteln, Bank
- Schreibtisch mit Stuhl und Laptop oder PC, schicker Anzug oder ähnliches, Flipchart, Handy
- Sessel, Tisch, Fernseher, Accessoires der Lieblings-Fußballmannschaft (hier: BVB), Bierflaschen, Fußballspiel (Ausschnitt) auf Video (selbst aufnehmen),
- Autozeitschriften, Flipchart mit Bauzeichnung (alles Pkt. 8)

Mitarbeiter:
- Moderator
- Frau
- 4 Männer
- Prediger

1. Musik

2. Begrüßung

3. Hinführung zum Thema

Wenn ich mit dem Auto unterwegs bin, nehme ich gern Tramper mit. Vor einiger Zeit fuhr eine junge Frau mit. Ich fragte sie, was sie beruflich macht. Sie erzählte davon und fragte dann, was ich für einen Beruf ausübe. Dass ich Pastor bin, löste Erstaunen bei ihr aus. Einen Pastor hatte sie sich irgendwie anders vorgestellt. Wir kamen über den Glauben an Gott ins Gespräch. Sie war sehr kritisch, sie konnte nicht viel damit anfangen. Ich habe ihr erst lange zugehört und dann gefragt, ob sie hin und wieder bete. Zu meiner Überraschung bejahte sie die Frage, sie würde sogar fast täglich beten. Ich habe sie ermutigt und ihr gesagt, dass ich das ganz bemerkenswert finde.

Obwohl sie mit Glauben und Kirche und allem Christlichen nicht viel anfangen konnte, tat sie das Eigentliche, was am Anfang einer Beziehung unbedingt nötig ist: Sie suchte das Gespräch. Das gehört zu einer Beziehung, und das ist in der Beziehung zu Gott nicht anders. Selbst wenn uns manches suspekt ist, wenn wir vieles nicht verstehen oder glauben können, was die Bibel sagt: Es ist gut, das Gespräch mit Gott zu suchen, ihm das zu sagen, was mir wichtig ist, welche Fragen ich habe, auch meine Zweifel, welche Dinge mir nicht in den Kopf wollen.

Eine Beziehung beginnt, wenn wir miteinander reden. Eine Beziehung zu Gott beginnt genauso. Darum beten Christen, darum sind auch andere – sie müssen gar nicht unbedingt Christen sein – eingeladen, zu beten und zu versuchen, ein paar Sätze diesem Gott zu sagen. Die Bibel sagt: »Wer anklopft, dem wird aufgetan. Wer sucht, der findet.«

4. Lied

»In Gottes Haus sind offene Türen« (aus: Hella Heizmann, Die Reise nach Jerusalem, Verlag Schulte + Gerth, Asslar, 6. Auflage 1996)

oder: »Gott ist gut« (aus: Fib)

5. Gebet

Vater im Himmel!
Ich danke dir, dass du uns geschaffen hast,
jeden von uns.
Ich danke dir, dass du uns einlädst in dein Haus.
Dass jeder, wie wir es gerade gesungen haben,
willkommen ist.
Dass es nicht darum geht, arm oder reich zu sein,
gebildet oder ungebildet, religiös oder nicht religiös.
Bei dir ist jeder willkommen, egal, was vorher war.
Egal, mit welchen Gedanken der Zustimmung
oder des Zweifels wir hier sind.
Ich danke dir, dass deine Liebe, deine Zuwendung
jedem Menschen gilt.
Ich bitte dich, dass dieser Gottesdienst uns ein wenig
die Tür öffnet zu einer Beziehung zu dir.
Amen.

6. Lied

»Manchmal laut und rockig« (aus: Hella Heizmann, Die Reise nach Jerusalem)

oder: »Leben im Schatten« (aus: Iwdd)

7. Liedvortrag

»Du bist Du« (aus: Fib). Beim Refrain zum Mitsingen einladen.

Während des Nachspiels die Bühne für das Theaterstück herrichten.

8. Theaterstück

Akteure:
- Mann als Sprecher/Moderator
- Frau als Action-Fun-Fitness-Typ
- Mann als Karriere-Typ
- Mann als »Sch. . .egal-Typ
- Mann als materialistischer Typ

Sprecher: *(läuft die Bühne auf und ab, tut so, als ob er die aufgebauten Utensilien gar nicht sieht; macht einen gehetzten Eindruck)* Also wissen Sie, das Leben könnte so schön sein. Entspannt und locker leben - das wäre es. *(kurze Pause)* Diese elenden Bürokraten! Ich komme nämlich gerade vom Finanzamt. Was die alles wissen wollen, die können einem das Leben zur Hölle machen! Tausende von Angaben! Alles schnüffeln die durch, man kommt sich schon wie ein Verbrecher vor. Und das alles nur wegen dieser blöden Einkommenssteuer-Erklärung. Die wissen alles von mir, 12 Seiten lang. Angaben zum Arbeitslohn, Werbungskosten, Mehraufwendungen für doppelte Haushaltsführung, steuerfrei erhaltene Aufwandsentschädigungen usw. usw. Wissen Sie, ich kann's fast nicht mehr ertragen, ein Tastendruck im Computer und du stehst da mit runtergelassener Hose - die kennen mich besser als ich mich selber.

Und dann die Akten - was nicht aktenkundig ist, ist nicht wirklich; wer nicht aktenkundig ist, existiert nicht. *(kurze Pause)* Bei uns hier ist alles durchgeplant. Bis auf zwei Stellen hinterm Komma. Für alles, was du tun möchtest, gibt es Anträge mit fünf

Durchschlägen - nur die wesentlichen Dinge, die bringt dir keiner bei. Zum Beispiel wie man eine Beziehung lebt, das habe ich nirgends gelernt und bin ein paarmal feste auf die Schnauze gefallen. Und überhaupt, leben lernen, wer sagt dir, wie das geht?!

Action-Fun-Fitness-Typ: *(ist bei den letzten Sätzen auf die Bühne gekommen und macht Hanteltraining; sportliches Body-Building-Outfit; Motorrad steht da; Trendmusik im Hintergrund; weitere Accessoires)* Mann, wo ist das Problem? Leben ist action, Leben ist fun. Du musst rausholen, was drin ist. Mit 220 Sachen über die Bahn *(geht zum Motorrad),* das ist ein total geiles feeling. Aber noch besser ist Bungee-Springen. - Mann, du hast nur ein paar Jahre. Die musst du ausquetschen, so gut es nur geht. Alter, was glaubst du, was ich schon alles gemacht habe?! Ich war in Alaska und Australien, Hochgebirgs-Trecking in den Anden und Safari in Tansania bei den Massais - Mann, versau dein Leben doch nicht im Bayerischen Wald oder an der Ostsee! *(nimmt wieder die Hantel)*

Sprecher: *(nachdenklich)* Schön und gut, aber versuch dein Lebenskonzept mal meinem Nachbarn klarzumachen. Der sitzt im Rollstuhl. Und überhaupt, was machst du, wenn die Luft mal raus ist? Und was ist das Leben wert, wenn das Geld zu so einem Lebensstil fehlt? Und überhaupt, wo bleibt denn die Verantwortung, für andere zum Beispiel oder für unseren Globus?

Karriere-Typ: *(ist bei den letzten Sätzen reingekommen; setzt sich an Schreibtisch mit Laptop oder PC; schicke Kleidung; weitere Accessoires: Designer-flipchart; Handy, telefoniert)* . . . und buchen Sie bitte unbedingt für übermorgen einen Flug nach L.A. Und nicht vergessen: Heute noch muss das Fax mit unserem Angebot rausgehen, dann haben die das gleich morgens auf dem Schreibtisch. Und noch eins: Versuchen Sie gleich noch einmal, den Makler zu erreichen. Sagen Sie ihm, ich habe großes Interesse an dem Apartment in Düsseldorf. *(legt das Handy zur*

Seite) Wissen Sie, man muss im Leben etwas erreichen. Ich investiere etwa siebzig Stunden pro Woche in meinen Job. Und ich sage Ihnen, es boomt. Für solche verrückten Sachen *(deutet auf die Action-Frau)* hätte ich gar keine Zeit. Aber diese Leute profitieren von meiner Arbeit. Früher hatten wir Tante-Emma-Läden, heute machen wir Teleshopping. So etwas kommt nicht aus blauem Himmel, dafür muss man hart arbeiten. Sie rufen uns an, ordern einen Artikel, wir garantieren knitterfreies Ausliefern, haben ein flächendeckendes Servicenetz, Umtausch eingeschlossen.

(Handy klingelt) Ja . . . ja, am Apparat. Schön, dass Sie anrufen, Herr Doktor . . . Ja, ich muss unbedingt zu Ihnen kommen. Sie müssen mich mal durchchecken. Ja . . . Kreislaufprobleme und Herzstiche. Ja . . . Nein, sofort geht es nicht. Übermorgen muss ich nach Los Angeles, allerdings nur für zwei Tage, dringende Geschäfte . . . Anfang nächster Woche könnte ich kommen . . . Ja, es ist dringend, irgendwas funktioniert da *(zeigt auf sein Herz)* nicht mehr so richtig. O.k., danke, dass Sie sich gemeldet haben. *(Legt Handy weg und setzt sich an den Laptop)* Jetzt muss ich aber schnell noch etwas erledigen.

Sprecher: Wenn ich mir das so angucke – das ist schon faszinierend. Irgendwie bewegt der Mann was. Aber andererseits – ist das das Leben? Ein Herzinfarkt mit Mitte vierzig muss ja auch nicht sein. Und wissen Sie was, ich finde Teleshopping eigentlich ziemlich ätzend. So ein Samstagvormittag mit meiner Hilde im Bett, das lass ich mir nicht nehmen.

(Laute Fußball-Einspielung einer bekannten Szene vom letzten UEFA-Cup unterbricht sein Nachdenken)

»Sch. . .egal-Typ«: *(kommentiert lautstark eine sehr bekannte Szene vom letzten UEFA-Cup oder ähnlichem mit einer deutschen Mannschaft, die gerade, als wenn es live wäre, im TV läuft; schäbiger Sessel, Füße auf dem*

Tisch, Löcher in den alten Socken; ausgebeulte Jogginghose, BVB-Fan-T-Shirt; zwei leere, eine halbvolle Bierflasche; ungekämmt. Einen aktuellen Text finden, der sich auf dieses Geschehen um die deutsche Mannschaft bezieht; wenn sie ausgeschieden ist, muss der Frust abgelassen werden, wenn sie im Finale sein sollte, muss Spannung vermittelt werden; auf jeden Fall muss rüberkommen, dass Fußball das Leben ist.) Und überhaupt, was glauben Sie wäre passiert, wenn Bayern Meister geworden wäre? Ich hätte mich totgesoffen vor Ärger. Aber BVB Erster und Schalke Dritter – das lasse ich mir gefallen. Aber nicht umgekehrt, ja! Wissen Sie, ich bin jeden Samstag im Stadion. Das nimmt mir keiner. Meine Olle, die hatte dafür kein Bock. Ist mir auch egal, soll sie bleiben, wo der Pfeffer wächst. Kann sich von mir aus an solche Typen *(zeigt auf die anderen Schauspieler)* ranmachen. Mein Leben, das ist der BVB.

Sprecher: Also wissen Sie *(wendet sich vertraulich zum Publikum),* man kann hier ja nicht so laut reden, Fußball ist mir sch . . .egal. Wie kann man nur so blöd sein und ständig hinter einem Ball herrennen! Der Typ hier, der ruiniert sich selbst und seine Beziehung nur wegen diesem blöden Ball. Der BVB – sein Leben. Auf so ein Leben kann ich verzichten!

Materialistischer Typ: *(sitzt an einem PC und rechnet eine Weile, weitere Accessoires: Auto- und Hauszeitschriften; flipchart mit Bauzeichnung)* Ich glaube, ich kriege das hin. Wissen Sie, die Finanzierung eines Hauses ist so eine Wissenschaft für sich. Aber zur Zeit sind die Zinsen niedrig, und das ist gut. Außerdem habe ich einen Bausparvertrag laufen, der wird jetzt zuteilungsreif. Und die Lebensversicherung kann ich auch anzapfen. Bei unseren Eltern haben wir auch ein wenig Klinken geputzt. Eigentlich liegt mir so etwas gar nicht, und das Verhältnis zu ihnen war seit unserer Hochzeit auch nicht das beste. Aber was sein muss, muss sein. Wir müssen nämlich unbe-

dingt den Eigenkapital-Anteil erhöhen. Die Bank spielt sonst nicht mit.
Bisschen Sorge macht mir der Arbeitsplatz von Birgit. Da werden jetzt so viele Leute entlassen. Aber wir brauchen das Geld unbedingt. Ich habe jeden Pfennig einkalkuliert. Geärgert habe ich mich schon über unseren Autokauf. Birgit wollte unbedingt Klimaanlage und 'ne teure Sonderlackierung. Das hat uns ganz schön reingerissen. Und ein Modell kleiner hätte es auch getan. Dann wäre der Kamin jetzt kein Problem für uns. Sie schmeißt mir ja den neuen PC vor. Aber ich sage Ihnen, ohne einen vernünftigen Rechner können Sie so einen Hausbau heute gar nicht mehr bewältigen. 1 oder 2 Gigabyte Festplatte sind da ruck, zuck dicht.
Sie soll sich lieber mehr um den Jungen kümmern. Mit siebzehn bin ich spätestens um zehn Uhr zu Hause gewesen. Der macht, was er will. Ich kriege den fast gar nicht mehr zu sehen. Nachts nicht nach Hause und morgens nicht aus dem Bett finden. Neulich habe ich ihn mir mal zur Brust genommen, vor allem wegen der katastrophalen Leistungen in der Schule. Wissen Sie, wie der Rotzbengel mich angeblafft hat: Alter, Du kannst mich mal kreuzweise - das hat er gesagt. Und in was für einem Ton! So hätte ich mit meinem Vater nicht geredet. Mann, wir tun alles für den Kerl, das Haus wird er auch mal erben. Was soll man denn sonst noch tun?

9. Predigt

Wir haben vor einiger Zeit als Familie eine Espresso-Maschine geschenkt bekommen. Ohne die Bedienungsanleitung wüsste ich nicht, wohin die Milch für den Cappuccino kommt.

Ohne eine Anleitung, wie man damit umgehen soll, hätte die ganze Sache keinen Sinn. Man braucht eine Bedienungsanleitung für ein technisches Gerät, man braucht eine Erklärung für ein kompliziertes Spiel. Da erfährt man, wie es funktioniert und es macht Spaß.

Man braucht auch eine Bedienungsanleitung – um weiter dieses technische Wort zu verwenden – für das Leben. Leben lernt man nicht einfach so. Wie lebe ich richtig? Was muss ich tun, dass mein Leben einen Sinn hat? Wie bekomme ich eine Grundlage, ein Fundament in mein Leben hinein, dass ich nicht nur so in den Tag lebe und eine Frustration sich an die andere reiht, sondern dass es schön ist! Dass es auch Freude macht und ich merke, da ist ein Ziel, auf das es hinausläuft!

Beispiele »Lebenskonzepte«

- Wir haben gerade auf der Bühne diese junge Dame gesehen – begeistert von action und fun, die irgendwo in der Welt Urlaub macht mit Hochgebirgs-Trecking und allen Freizeitangeboten, die das Herz sich nur wünscht. Kann das der Inhalt des Lebens sein? Ist dann nicht irgendwann die Luft raus?
- Dann ist da dieser gute Mann, der sein Teleshopping anpreist: Das ist ebenfalls eine wunderbare Sache. Viel zu arbeiten ist nicht in sich etwas Verkehrtes. Doch was ist, wenn Schluss ist? Was ist, wenn ich all diese Dinge mal nicht mehr machen kann? Wenn ich merke, dass ich vielleicht nur noch ein paar Jahre zu leben habe, wo liegt dann das Fundament?
- Für den BVB *(oder andere Mannschaft)* zu sein ist ja in dieser Gegend schon fast Pflicht. Doch wenn man damit im Grunde seine sämtlichen Beziehungen strapaziert, dann kann es das wohl auch nicht sein.
- Und schließlich: Ein Haus zu besitzen ist eine schöne Sache. Dafür zu arbeiten und zu investieren ist in sich etwas Gutes. Doch die Frage ist immer: Um welchen Preis? Und: Ist das das Eigentliche? Ist es das eigentliche Ziel, dem Junior irgendwann mal ein Haus zu vermachen, und der will von seinem Alten gar nichts mehr wissen?

Welches Lebenskonzept habe ich?

Die Ziele unseres Lebens, die Inhalte, müssen irgendwo anders liegen. Wenn ich mir einmal jemanden vorstelle, der mich unbemerkt beobachtet . . . was für einen Eindruck hätte der, wofür ich lebe? Er sieht meinen Beruf, meinen sonstigen Alltag, meine Freizeitgestaltung, er weiß, wofür ich mein Geld investiere, wie viel ich auf der hohen Kante habe oder auch nicht ... Was für einen Eindruck würde dieser Mensch gewinnen, wofür ich lebe? Welche Prioritäten habe ich für mein Leben? Die wesentlichen Dinge, das Erste, was vor allem anderen kommt - was wäre das?

Das Problem der Lebenskonzepte, die vorgestellt wurden, besteht darin, dass es heißt: Wenn du etwas *hast,* dann geht es dir gut. Wenn du bestimmte Erfahrungen machst und in der Welt rumkommst, dann ist es das! Wenn du einen tollen Job hast und es boomt, dann ist das Ziel erreicht! Wenn du dich mit deiner Fußballmannschaft identifizieren kannst oder wenn du einfach ein Haus und viel Geld hast ... dann hat dein Leben Sinn!

Was wir hier gesehen haben, ist nichts grundsätzlich Verkehrtes. Aber wenn es zum eigentlichen Inhalt des Lebens wird, dann wird es problematisch.

Der Wert des Lebens

Es gibt in der Bibel eine alte Geschichte, und es ist auch wieder eine moderne Geschichte von einem Mann, der bestimmte Wünsche und Vorstellungen für sein Leben hatte. Er war in einer Lebenssituation, in der er den Eindruck hatte: Ich werde hier nichts, ich komme hier nicht raus! Ich muss die große, weite Welt kennen lernen, und wenn ich das jetzt alles erlebe, was mir im Kopf vorschwebt, dann geht's erst richtig los!

Lukas 15

Diese Geschichte erzählt von einem jungen Mann, der in seinem Vaterhaus lebte. Dort wollte er raus. Und so entschließt er sich, etwas zu tun, was reichlich unverfroren ist, er sagt zu dem Vater: »Gib mir das Erbe, das mir zusteht.« Nun, man erbt gemeinhin erst dann, wenn der Erblasser verstorben ist. Im Grunde erklärt der Sohn dem Vater: »Du existierst für mich schon nicht mehr. Ich will mein Erbe haben. Es ist mir zu eng hier. Ich will raus.« Der Vater ist erstaunt und fragt: »Wie kann das sein? Du willst weg? Es geht dir doch gut hier! Du hast alles.«

»Nein«, sagt der Sohn, »ich will meine Freiheit, ich will mehr erleben und das, was ich hier bisher bei dir erlebt habe, das ist es nicht.« Und so zieht er los und macht alle möglichen Erfahrungen. Er zieht durch das Land, durch Bars und Kneipen, fasst alle möglichen Entschlüsse, sucht sich Freunde, gibt 'ne Runde aus ... und solange er Geld in der Tasche hat, geht es ihm auch gut. Solange hat er Freunde, hat er den Eindruck: »Das ist es!«

Aber es kam der Moment, wo er mit einem Mal ein Problem hatte: Das war, als er merkte, dass sein Erbe verbraucht war. Auf einmal waren alle Freunde fort, es waren auch alle Möglichkeiten weg. Und er verstand: »Das, was ich bisher gemacht habe, das kann gar nicht der eigentliche Sinn sein!« So landete er in einer ganz üblen Situation.

Arbeitslos und mittellos

Er suchte sich einen Job, weil er sich ja irgendwie ein paar Mark verdienen musste. Als er den ersten Fehler machte, landete er vor der Tür. Es ging ihm dreckig, und er landete – die Bibel sagt das ganz drastisch – bei den Schweinen. Er musste essen, was die Tiere essen. Er hatte keine Chance mehr. In dieser Situation kam ihm ein Gedanke. Er dachte an die Zeit zurück, als er noch in seinem Vaterhaus lebte.

Er dachte daran, dass sein Vater ein wohlhabender Mann ist, der viele Leute bei sich beschäftigte. Sie waren sicher nicht prominent oder reich, aber es ging ihnen vergleichsweise gut. Sie hatten zu essen, sie hatten Arbeit. So überlegte er: »Den Leuten, die für meinen Vater arbeiten, geht es im Grunde golden im Vergleich zu mir. Ich will zu meinem Vater zurückgehen und ihm sagen (und dieser Entschluss wird dem Mann nicht leicht gefallen sein): ›Vater, ich habe vor Gott und vor Menschen gesündigt. Ich habe Dinge falsch gemacht. Ich möchte zu dir zurückkehren. Ich möchte für dich arbeiten wie deine Leute, auch wenn es nur von Tag zu Tag wäre ohne Arbeitsvertrag – alles wäre besser als das jetzt.‹«

Zurück zum Vater

In dieser Geschichte kommt nicht ein einziges Mal das Wort Gott vor. Und dennoch ist es aus jeder Zeile herauszulesen. Denn Jesus will den Zuhörern sagen: »Ihr sollt lernen, wie Gott ist. Und auch, wie Menschen sind.« Er meint damit: Die Menschen haben sich irgendwann von ihrem Schöpfer verabschiedet, von ihrem eigentlichen Zuhause. Sie haben gesagt: »Ich will für mich leben. Ich will mich nicht bestimmen lassen von dem da oben. Das ist mir alles zu eng, die Gebote und was es da so alles gibt – ich will frei sein. Ich will losziehen. Ich will die Genüsse des Lebens kennen lernen.«

Das klappt auch eine Weile ganz gut. Aber irgendwann kommt

der Moment, in dem man spürt: Es ist nicht das Haus, für das ich so schufte und ackere, es sind nicht die exotischen Reisen, für die ich so viel Geld investiere, es ist auch nicht der 70-Stunden-Job, der mich vielleicht in Betrieb hält, und es ist erst recht nicht der BVB. Das ist nicht das Eigentliche. Das spüren alle irgendwann. Und dieser - wie Jesus ihn nennt - verlorene Sohn spürt das auch. Die tollen Bekanntschaften, die er hatte, die attraktiven Frauen, die nach ihm gefragt haben - mit alldem war auf einmal Schluss.

Wo ist mein Zuhause?

Jesus sagt: Ihr sollt sehen, wie Gott ist! Er klammert nicht. Er hält dich nicht krampfhaft fest. Er lässt dir den freien Willen. Du kannst gehen. Niemand zwingt dich, bei ihm zu bleiben.

Der verlorene Sohn entschließt sich, zu seinem Vater zurückzugehen. Er hat dabei eine Vorstellung von seinem Vater, die nicht zutrifft. Er glaubt, der Vater würde ihn allenfalls als einen einstellen, den er täglich vor die Tür setzen kann. Wenn er ihn überhaupt beachtet. Wenn er nicht für den Vater für ewig gestorben ist und ihm die Tür vor der Nase zugeschlagen wird. Der junge Mann kommt auf sein Vaterhaus zu. Was nun wohl geschieht? Mit welchen Vorwürfen und alten Geschichten wird ihn der Vater empfangen? Doch nichts davon. Im Gegenteil: Der Vater steht vor der Tür mit offenen Armen. Er sieht seinen Sohn kommen, so, als wenn er jeden Tag auf ihn gewartet hätte. Und er schließt ihn in die Arme und freut sich so, dass er wieder da ist.

So ist Gott!

Sie sagen vielleicht: Das ist überhaupt nicht meine Vorstellung von Gott. Gott ist der mit dem erhobenen Zeigefinger, aber nicht wie ein Mann, der auf seinen verlotterten Sohn wartet.

Jesus behauptet: Gott ist so. Wir können zu ihm in Beziehung treten und sagen: »Gott, wenn das stimmt, was ich heute Morgen hier gehört habe und du in dieser Weise auf mich wartest, dann will ich zurückkommen.

»Du warst tot, aber jetzt lebst du wieder!«

Die Geschichte ist aber noch nicht zu Ende. Der Vater sagt nämlich einen ganz interessanten Satz zu seinem Sohn: »Du warst tot, aber jetzt lebst du wieder.«

Das ist ein sehr aufschlussreicher Satz über Gottes Sicht von uns

Menschen. Genaugenommen stimmt dieser Satz nicht. Natürlich war der Sohn nicht tot, er war sogar quicklebendig. Selbst als es ihm schlecht ging, war er nicht tot. Er pfiff vielleicht aus dem letzten Loch, aber er war nicht tot!

Die Sicht Gottes ist radikal. Der Mensch, der ohne Gott lebt, ist in Gottes Augen tot. Es ist, als wenn es ihn überhaupt nicht gäbe. Er lebt an seiner eigentlichen Bestimmung völlig vorbei. Gott sieht den Menschen als sein Geschöpf. »Du bist du, kein Kind des Zufalls, keine Laune der Natur.« (Jürgen Werth) Er möchte, dass wir einen Zugang zu ihm finden, dass wir mit ihm leben. Er möchte, dass wir fragen: Gott, was willst du, dass ich in meinem Leben tun soll?

Die Bibel sagt: Da, wo ein Mensch nach Hause kommt, da wird er neu geboren. »Das Alte ist vergangen, Neues ist entstanden«, steht einmal in der Bibel. Dass der Sohn sein gesamtes Erbe verprasst hatte, dass er bei den Schweinen gelandet war – das alles spielte überhaupt keine Rolle mehr. Der Vater sagt: Du kannst neu anfangen. Du lebst wieder.

Eine Beziehung zu Gott, dem Vater

Ich weiß nicht, wie Sie über Gott denken. Ich habe am Anfang unseres Gottesdienstes gesagt: Wenn wir beten, dann suchen wir eine Beziehung zu dem lebendigen Gott. Wenn ich bete, bete ich zu diesem Gott der Bibel, von dem ich weiß: Er wartet auf mich! Er steht da mit ausgebreiteten Armen. Er möchte, dass ich zurückfinde. Er möchte, dass auch die Dinge, die schief gelaufen sind, vor ihm ausgesprochen werden. Er vergibt sie, indem er sagt: »Es ist weg. Du kannst neu anfangen.«

Wenn ich bete, dann bete ich zu dem Gott der Bibel, von dem ich weiß: Er meint es gut mit mir!

Damit ist nicht sofort jedes Problem beseitigt, es ist auch nicht jede Frage gelöst, aber damit ist eine Beziehung wieder hergestellt, die lebensnotwendig ist.

Die Beziehung zu Gott, vom Sohn zum Vater, soll die Priorität in unserem Leben sein. Dann finden alle anderen Dinge ihren Platz. Dann merke ich allmählich, dass mein Leben Sinn bekommt, Spannung und Tiefe.

Ich hatte Ihnen einleitend gesagt, dass wir mit Gott in Beziehung treten, wenn wir beten. Ich habe auch gesagt, dass Gebet keinen großen Glauben erfordert. Gebet kann von vielen Zweifeln begleitet sein. Ich möchte Sie einladen, so etwas einmal zu probieren. Vielleicht beten Sie ohnehin regelmäßig. Aber auch wenn es Ihnen ganz unvertraut ist, versuchen Sie doch einmal, eine Beziehung zu diesem Vater zu suchen. Er sagt, er wird sich finden lassen, wenn wir ihn suchen.

10. Gebet

Herr, mein Gott, durch Jesus habe ich gelernt, zu dir Vater zu sagen, dich als diesen liebenden Vater zu sehen, der auf mich, der auf jeden von uns wartet. Ich danke dir, dass vor dir nicht zählt, was gewesen ist. Da mögen eine Menge Dinge in meiner Vergangenheit liegen, Dinge, auf die ich gern zurückschaue, auf die ich stolz bin. Aber auch Dinge, die ich verdränge. Dinge, von denen ich schlecht träume, von denen ich nicht loskomme.

Ich danke dir, dass ich weiß: Wenn ich zu dir komme, spielt das alles keine Rolle mehr. Du fragst nicht nach unserem Wohlverhalten, nach unserer Moral, du fragst schlicht und ergreifend danach, ob wir dich suchen wollen.

Gott, ich möchte dich bitten, dass wir Mut fassen - jeder von uns, der in diesem Raum ist - Mut fassen, diesen Schritt einmal zu gehen. Ich danke dir, dass du uns erwartest - als dieser Vater mit ausgebreiteten Armen.

Ich danke dir, dass wir nicht alles Mögliche leisten müssen, um vor dir gut dazustehen, sondern dass du uns mit deiner Liebe beschenken willst. Ich bitte das für mich und für jeden von uns hier, dass wir unser Leben in der Weise auf die Reihe kriegen, dass die Dinge, die an zweite, dritte oder vierte Stelle gehören, auch dort sind. Und ich bitte, dass das, was das Zentrale ist, auch an die erste Stelle kommt. Amen.

11. Segen

12. Musik

15. Die Thomasmesse

Thema:
Hoffnungsvolles Glauben und Handeln in dieser bedrohten Welt

Bibeltext:
Noah und die Sintflut: 1. Mose 8,18-22

Vorbereitung/Materialien:
- Blumen, Kerzen, Seidentücher, einfaches Holzkreuz, Steine, Stricke, Moos, Blätter, Teppiche – zur Gestaltung des Hauptaltars und der Seitenaltäre
- Brot und Wein, Taizékreuz, Öl für Salbung
- Gebetswand
- Informationen über ein soziales oder missionarisches Projekt (im Nebenraum)

Mitarbeiter:
- 2 Moderatoren/Liturgen
- jeweils mehrere Mitarbeiter als Ansprechpartner, Segnende, Fürbittenleser, Austeilende beim Abendmahl
- Prediger, der auch das Abendmahl leitet

Ablauf im Überblick (variabel)

I. Wir lassen uns in den Gottesdienst hineinnehmen

1. Einstimmen
   Singen von Liedern mit Band und Chor
   Verweilen an den Nebenaltären
   Lesen von Texten in den Bänken

2. Einzug der Thomas-Mitarbeiter mit Taizékreuz und Kerzen
   Gemeinde erhebt sich
   Eingangslied

3. Begrüßung durch Moderator
   Gemeindelied

II. Wir bereiten uns vor, Gott zu begegnen

1. Laudate omnes gentes (3x) (aus: EG/LL)
2. Ankommtext (aus: Segensworte und Segensgesten, Heft 72, zu beziehen bei Beratungsstelle für Gestaltung, Eschersheimer Landstr. 565, 60437 Frankfurt, Tel. 069-530 22 46)
3. Laudate omnes gentes
4. Ankommtext
5. Laudate omnes gentes
6. Zuspruch
   Gemeindelied

Alternative (vgl. der folgende Entwurf S. 195ff)

1. Lied »Vertrauen wagen« (aus: Clemens Bittlinger, Mensch sing mit)
2. Einleitung zum Sündenbekenntnis
3. Lied »Herr, erbarme dich« (aus: EG)

4. Sündenbekenntnis
5. Lied »Herr, erbarme dich«
6. Persönliche Sündenbekenntnisse von Mitarbeitern
   Lied »Herr, erbarme dich«
7. Einleitung der Stille
8. Persönliches Sündenbekenntnis in der Stille
   Leise Instrumentalmusik
9. Zuspruch der Vergebung
10. Lied »Ich lobe meinen Gott, der aus der Tiefe mich holt« (aus: EG)

III. Wir nehmen uns Zeit zum Beten

1. Einleitende Worte des Fürbittenleiters
2. Unterschiedliche Formen des Betens
   Chor singt dabei Taizélieder und andere Lieder
   vertraute Möglichkeiten
3. Vorlesen von Gebetsanliegen
4. Abschlussfürbitte
   Gemeindelied

IV. Wir hören die Gute Nachricht

1. Vorlesen des Predigttextes
   Gemeindelied oder Halleluja-Hymnus
2. Predigt
   Instrumentalmusik
3. Glaubensbekenntnis
   Gemeindelied

V. Wir feiern Gottes Freundlichkeit

1. Einleitende Worte eines Mitarbeiters
   Sanctus
2. Abendmahlsgebet
3. Vaterunser (begleitet durch ein getragenes Lied des Chores)
4. Einsetzungs-Worte
5. Friedensgruß
6. Einladung zum Abendmahl
   Gemeindelied

7. Austeilung (während der Austeilung Begleitmusik oder Chorgesang)
   Gemeindelied

VI. Wir lassen uns senden mit Gottes Segen

1. Ansagen (Infos und Kollekte)
2. Sendung und Segen
   Gemeindelied (dazu Auszug der Mitarbeiter mit Taizékreuz und Kerzen)

Ausgearbeiteter Entwurf der Thomasmesse:

I. Beginn

1. Einstimmen

- Singen von Liedern mit Band und Chor
- Verweilen an den Nebenaltären
- Lesen von Texten in den Bänken

2. Einzug

der Mitarbeiter zum Hauptaltar mit einem Taizékreuz und Kerzen in den Händen

Gemeinde erhebt sich beim Einzug

3. Lied

»Gott spannt leise, feine Fäden« (aus: LL)

4. Begrüßung

Guten Abend und herzlich willkommen zur Thomasmesse.

Thomasmesse - was ist das eigentlich?

Die Thomasmesse lässt sich nicht so einfach in Worten beschreiben. Ich kann aber versuchen zu erklären, woher sie kommt und was sie will.

Entstanden ist die Thomas-Messe vor einigen Jahren in Helsinki in Finnland. Dort hat sich eine Gruppe zusammengefunden, die einen Gottesdienst suchte, in dem sie sich wohlfühlen und in dem sie Kraft tanken konnte. Diese Gruppe entwickelte ein Konzept für einen Gottesdienst, in dem jeder Mensch sich einbringen kann. Dabei steht es jedem frei, sich so weit zu öffnen und zu beteiligen, wie es ihm und ihr möglich ist.

Benannt haben die Finnen diesen Gottesdienst nach einem aus der Gruppe der Jünger, die Jesus begleitet haben, eben nach Thomas. Thomas war derjenige, der am längsten Zweifel daran hatte, dass Jesus wirklich auferstanden war. Und genau für Menschen, die Zweifel haben, ist die Thomasmesse in erster Linie auch gedacht. Sie sollen sich in diesem Gottesdienst zu Hause fühlen. Hier soll Platz sein für Fragen und für Zweifel.

Hier in . . . haben wir das Bedürfnis für einen solchen Gottesdienst auch gespürt. Deshalb haben wir auch eine Thomasmesse geplant. Ein Chor und eine Band haben sich gegründet. Und es haben sich Menschen zusammengefunden, die heute Abend diesen Gottesdienst gestalten.

Ich wünsche euch und uns eine schöne Zeit, in der ihr euch wohlfühlt, in der ihr Gelegenheit habt, über alles nachzudenken, was euch bedrückt oder worüber ihr euch besonders freut. Seid willkommen zur Thomasmesse, die wir feiern im Namen des Vaters, des Sohnes und des Heiligen Geistes. Amen.

5. Psalm des Tages

in modernem Deutsch oder übertragener Weise: Psalm 143,1-10

II. Sündenbekenntnis

1. Lied

»Vertrauen wagen« (aus: Clemens Bittlinger, Mensch sing mit) als Übergang zum Sündenbekenntnis

2. Einleitung

In einer Zeitschrift habe ich einmal folgenden Traum gelesen: »Es war an einem schönen Abend, ich ging über den Marktplatz in Stuttgart und freute mich des geschäftigen Lebens – plötzlich entdeckte ich, dass ich in jeder Hand einen wohl gefüllten Eimer, einen Mülleimer, trug . . .! Niemand schien ihn zu bemerken oder Anstoß daran zu nehmen. Oh, wie ich machte, dass ich heimkam! Es war auch Zeit, ich war für den Abend in eine sehr gute Familie eingeladen und freute mich darauf. Also rasierte ich mich und machte mich fein, so gut ich konnte. Dann ging ich beschwingt und fröhlich durch die nächtlichen Straßen. Ich stand schon in der Haustür, da sah ich, dass ich noch immer einen Mülleimer in der Hand hatte – darüber wachte ich auf . . .«

Ich nehme an: Die meisten von Ihnen werden den Traum sofort verstehen. Wie oft tun wir nach außen so, als seien wir einigermaßen gut gelaunt, aber innerlich schleppen wir unsere Mülleimer, den Abfall, das Negative mit uns herum. Wie wir die realen Mülleimer gerne verstecken, so verstecken wir sehr oft auch das, was wir seelisch mit uns herumschleppen. Auch im vornehmsten Haus gibt es Abfalleimer. Das sind die miesen Erfahrungen und Stimmungen, die Erinnerung an Stunden, in denen man sich schlecht behandelt fühlte. Mit all den Folgen: Zorn, Bitterkeit, innere Unruhe. – Es können auch die Erfahrungen sein, mit einer Aufgabe nicht klarzukommen, sich mit lieben Menschen nicht verstanden zu haben; die Erfahrung, dass etwas nicht gelaufen ist, wie es laufen sollte. Es sind die Schmerzen, die das Leben uns zufügt. Es sind unsere Leiden, unsere Selbstvorwürfe und unser schlechtes Gewissen. Es sind

unsere Stimmungen und die Folgen: Rückzug in die eigene Welt, mangelnde Motivation, anderen noch etwas mitzuteilen, das Verstummen. Das alles tragen wir wie Mülleimer mit uns herum.

So wie wir eine Grippe auskurieren müssen und nicht verschleppen dürfen, wenn wir nicht noch kranker werden wollen, so ist es gut, dass wir die negativen Gefühle zunächst zulassen, dass wir uns mit ihnen auseinandersetzen. Und dass wir sie dann auch liegen lassen können, dass sie uns nicht mehr beschweren, wenn wir ganz andere Dinge zu tun haben.

Nun ist Zeit und Raum, dass jeder für sich darüber nachdenkt, welche Mülleimer er mit sich herumschleppt und wie er sich davon beeinflussen lässt, wie er mit seinen negativen Stimmungen an sich und anderen schuldig geworden ist und wie er sich ändern möchte.

3. Lied

»Herr, erbarme dich« (aus: EG)

4. Gebet

Herr, im Lichte deiner Wahrheit erkenne ich,
dass ich gesündigt habe in Gedanken, Worten und Werken.
Dich soll ich über alles lieben, aber ich habe
mich selbst mehr geliebt als dich.
Du hast mich in deinen Dienst berufen,
aber ich habe die Zeit vertan, die du mir anvertraut hast.
Du hast mir meinen Nächsten gegeben, ihn zu lieben wie
mich selbst, aber ich erkenne, dass ich versagt habe,
in Selbstsucht und Trägheit des Herzens.
Darum komme ich zu dir und bekenne meine Schuld.
Ich weiß keine andere Zuflucht als dein Erbarmen.

5. Lied

»Herr, erbarme dich«

6. Persönliche Sündenbekenntnisse von Mitarbeitern dazwischen das Lied: »Herr, erbarme dich«

Herr, ich habe gesündigt, ich war ungerecht
gegenüber meiner Frau, unseren Kindern und
Mitmenschen, weil ich Tatsachen nur aus
meinem ureigenen Blickwinkel gesehen habe.
In meiner Unzufriedenheit habe ich mir
nahe stehenden Menschen Dinge geneidet oder missgönnt.

Lied: »Herr, erbarme dich«

Himmlischer Vater, es fällt mir schwer, schöne Sachen abzugeben, und ebenso schwer fällt es mir, mich von schlechten Gewohnheiten und Gedanken zu trennen.

Lied: »Herr, erbarme dich«

Herr, ich habe mir viel Schuld im Laufe meines Lebens aufgeladen. Wie oft habe ich an dir und deinem Wort gezweifelt, ich war dir, deinem Hause und deiner Gemeinschaft fern.

Lied: »Herr, erbarme dich«

Bitte, Herr Jesus, hilf mir, meine Schuld auf deine Schultern zu legen, damit ich frei werde, um ein lebendiges Glied deiner Gemeinde zu werden, und deine Liebe in mir wachsen kann.
Herr, habe Dank, dass ich an dieser Thomasmesse teilhaben darf.

Lied: »Herr, erbarme dich«

7. Einleitung der Stille

Lasst uns nun, jeder für sich, still werden.
Im Hintergrund wird leise Musik erklingen.
Du kannst die Augen schließen und dich vertiefen.
Du kannst in den Texten lesen und sie auf dein Leben beziehen.

Du kannst über dich nachdenken und über das, was dich traurig macht oder bedrückt, darüber, wo du schuldig geworden bist.

Du hast dafür Raum, Zeit und Stille, ganz allein für dich.

8. Stille

und Raum für eigenes Bekennen, begleitet durch leise *Instrumentalmusik* oder *Chorgesang*

9. Zuspruch der Vergebung

Herr, gib uns einen reinen Sinn, dass wir dich erblicken,
einen demütigen Sinn, dass wir dich hören,
einen liebenden Sinn, dass wir dir dienen,
einen gläubigen Sinn, dass wir in dir bleiben.

Auf den Befehl unseres Herrn Jesus Christus hin,
in seinem Auftrag und als Diener seiner Kirche,
verkündige ich dir:
alle deine Sünden sind dir vergeben im Namen Jesu Christi,
im Namen des Vaters, des Sohnes und des Heiligen Geistes.

10. Lied

»Ich lobe meinen Gott, der aus der Tiefe mich holt« (aus: EG) als Übergang zur Fürbitte

III. Fürbitte

1. Einleitende Worte

Gott, unser Vater, ist hier – mitten unter uns. In seiner Nähe sind wir geborgen und können während dieser Zeit der Besinnung und des Betens alle unsere Sorgen und Ängste verlassen.

Wir haben verschiedene Möglichkeiten, um zu Gott zu sprechen:

Du kannst still auf deinem Platz beten und mit in die Gebetslieder einstimmen.

Du kannst aber auch zu den Seitenaltären gehen, dort Kerzen anzünden und für die Anliegen beten. Wir haben dafür in den Bänken Zettel ausgelegt. Du kannst dort deine Gebetsanliegen aufschreiben und zu den Seitenaltären bringen.

Nun gibt es Gebete, die ganz persönlich sind. Die lege bitte in die Schale, die mit einem »P« gekennzeichnet ist. Es wird dir gut tun zu wissen, dass Mitarbeiter der Thomasmesse in der kommenden Zeit für deine Anliegen beten werden.

Es gibt aber auch Gebete, die uns alle angehen, zum Beispiel unsere Umwelt, Fremdenhass, Hunger und Krieg in der Welt. Deshalb wollen wir auch von euch geschriebene Gebete in unser gemeinsames Gebet aufnehmen. Diese Gebetsanliegen lege bitte in die andere Schale.

Wer das persönliche Gebet sucht, ist herzlich eingeladen, hier nach vorne zum Altarraum zu kommen, wo Mitarbeiter der Thomasmesse für dich da sind. Wenn du möchtest, werden sie gemeinsam mit dir beten und dich mit Öl salben, denn Jesus sagt: »Wenn zwei von euch auf der Erde gemeinsam um etwas bitten, wird es ihnen von meinem Vater im Himmel gegeben werden.«

Die Zeit der Besinnung und des Betens wird von Musik und Gesang begleitet. Ich wünsche euch allen, dass ihr eurem Gott begegnet.

2. Gebetsphase

in den unterschiedlichen Formen

3. Gebetsanliegen

werden durch Mitarbeiter vorgelesen

4. Abschlussfürbitte

des Fürbittenleiters

5. Lied

»Jubilate Deo« (aus: EG) als Übergang zur Verkündigung

IV. Verkündigung

1. Lesung

Vorlesen eines Epistel- oder Evangeliumstextes in moderner Sprache, eingerahmt durch das Licht von Kerzen, oder Vorlesen des Predigttextes: 1. Mose 8,18-22

2. Lied

»Dass du mich einstimmen lässt in deinen Jubel« (aus: EG)

3. Predigt

Die Geschichte, die wir eben gehört haben, handelt vom Ende der Sintflut, vom Ende einer Fahrt mit einem großen Kahn nach hundertfünfzig Tagen. Ich darf noch einmal an die Vorgeschichte erinnern: Gott fing an zu bedauern, dass er überhaupt die Menschen geschaffen hatte. Je mehr sich die Erde bevölkerte, desto schlimmer wurde es.

Hat der eine ein paar Ziegen mehr, klaut sie ihm der Nachbar bei Nacht. Kriegt Frau Hausmann einen Nerz, bekommt Frau Zettmann vor Neid die Gelbsucht. Sie gönnen einander nicht die Auster im Mund, nicht die Mätresse im Bett und nicht die Perlen um den Hals. Sie benehmen sich – na, sie benehmen sich wie Menschen.

Gott sieht sehr bald, was mit der Gesellschaft los ist, dass ihr ganzes Sinnen und Trachten nur darauf aus ist, sich Vorteile zu verschaffen – ohne Rücksicht auf Verluste.

Da packt ihn die helle Wut. Sein Blick fällt auf Noah, einen rechtschaffenen Mann, und seine Familie. Und er weiht Noah in seinen Plan ein, dass nun SOS auf höchster Ebene angesagt ist. Und Noah soll ein Schiff bauen für ihn und seine Familie und für ein Paar von allen Tieren.

Noah spuckt mit seinen Söhnen in die Hände und verwandelt seine Schafweide in eine Schiffswerft. Er hat Anweisungen bekommen für den Bau: drei Stockwerke, 135 Meter lang, 22 Meter breit, 13 Meter hoch – ein Riesenpott.

Als Noah fertig ist, alle Tiere drin und genug Nahrungsmittel an Bord sind, kommt der Tag, an dem der Regen anfängt. Das Wasser kommt wie ein Naturereignis. Die reinste Sintflut.

Und dieser 15.000-Brutto-Registertonnen-Kasten setzt sich in Bewegung und landet später auf dem Berg Ararat in der heutigen Türkei, eintausendfünfhundert Kilometer entfernt von dem Ort, wo Noah gewohnt hat.

Es gibt eine Menge Leute, die felsenfest davon überzeugt sind, dass der Ararat Noahs Landeplatz war, der Ort, wo Noah seinen Altar, wie in der Geschichte gehört, gebaut hat.

Allen voran James B. Irwin, kein Unbekannter, sondern Apollo 11-Astronaut, der 1971 zum Mond flog und seitdem – wie Noah selbst – ein gottesfürchtiger Mann ist. Irwin kannte den Berg wie kaum jemand sonst. Seit 1980 hatte der Mann Jahr für Jahr vor Ort nach der Arche gestochert. Natürlich mit offizieller Unterstützung der türkischen Regierung. Andere kommen sowieso nicht hinauf, sie kommen nicht mal heran. Denn der Ararat liegt in der Türkei, im Grenzgebiet zu Armenien und dem Iran. Die kurdische Minderheit begehrt mit Waffengewalt in diesem Teil Ostanatoliens gegen Ankara auf.

Einen feinen Ankerplatz hat sich Noah da ausgesucht. 5.100 Meter hoch, 40 Quadratkilometer liegen im ewigen Eis. »Arche on the rocks.« Welch faszinierender Gedanke. Das Dumme ist bloß, Irwin hat nichts gefunden, obwohl er zusammen mit seinem Team alle Hänge systematisch abgesucht und sogar illegal vom Flugzeug aus gefilmt hat.

Und auch all die anderen Arche-Typen, die schon Jahrhunderte zuvor am Berg gesucht hatten, kamen mit leeren Händen zurück. Das alpine Ende von Noahs Schiffsreise ist also nicht beweisbar.

Ich weiß, viele aufgeklärte Menschen halten das für einen Rückfall ins Kindische, wenn man trotzdem mit solchen Geschichten etwas anfangen kann. Sollen sie von mir aus! Mir sagt sie etwas, diese Geschichte. Mir sagen auch Märchen etwas. Mir sagen auch Geschichten etwas, die die Indianer sich erzählt haben, wenn sie sich tiefere Gedanken machten. Mir sagen auch Träume etwas und Utopien, auch Liebesgedichte und Storys aus grauer Vorzeit. Mir sagen sie etwas, weil ich sie von innen heraus betrachte.

Die Urgeschichten der Menschheit auf den ersten Seiten der Bibel, wie diese Sintflut-Geschichte, sind solche Geschichten, die von innen heraus verstanden werden wollen. Sie spiegeln das Wesen des Menschen wider bis auf den heutigen Tag. Darin sind sie uns ganz nahe. Wenn man sie von außen, gleichsam von der Zuschauerposition her betrachtet, bleiben sie fern, wirken merkwürdig, märchenhaft, unmöglich und die Einzelheiten, die sie enthalten, scheinen unverständlich, absurd, kurios und unwirklich.

Wie kann das gehen? Von jedem Paar der Tiere eins in der Arche. Katze und Maus, Fuchs und Huhn - und der Gestank! Wir kennen heute das Elend der Tiertransporte und dann hundertfünfzig Tage Arche Noah! Nee!

Die Geschichte von innen heraus verstehen heißt für mich erstens, es geht um jede Tierart. Keine Tierart darf sterben. Aussage für heute: Wir brauchten wieder eine Arche, damit die Tiere geschützt sind, die vom Aussterben bedroht sind. Alle Tierschützerarbeit nach dem Prinzip Arche Noah. Sie wollen retten. Das ist die Aussage damals und heute.

Die Geschichte von innen heraus verstehen heißt für mich zweitens, Noah baut nach seiner Landung zuerst einen Altar, um zu Gott zu beten, bevor er sich an die Arbeit macht. Er sucht also erst das Gebet, die Besinnung, die Ruhe, bevor er loslegt. In der Ruhe liegt bekanntlich die Kraft.

Wie schaffen wir es heute, uns Altäre der Besinnung und der Ruhe einzurichten, damit wir nicht in der Hektik unserer Geschäftigkeit kaputt gehen?

Von innen heraus verstehen heißt für mich drittens, so einen Kreislauf anzunehmen, wie er beschrieben ist. Solange die Erde steht, soll nicht aufhören Saat und Ernte, Frost und Hitze, Sommer und Winter, Tag und Nacht. Und nicht an der Zerstörung eines solches Kreislaufes mitzuwirken. Die Ozonwerte führen das deutlich vor Augen, wie ein Kreislauf aus den Fugen geraten kann.

Die Geschichte von Noah geht uns wirklich an, wenn wir sie von innen heraus verstehen.

Ich denke an ein Bild, das Marc Chagall von Noah und der großen Flut gemalt hat. Er zeigt uns nicht die Arche von außen, wie sie auf dem unendlichen Chaos-Meer schwimmt. Er zeigt uns Noah in der Arche und da wirkt sie wie eine Kammer, in der er sich aufhält. Eine Ziege ist bei ihm, der er mit der rechten Hand den Kopf krault. Ein Hahn schaut auf zu ihm. Eine Frau ist zu sehen, die ihren Säugling an die Brust gelegt hat. Das Köpfchen des Säuglings sieht aus wie ein kleiner Totenschädel. Gibt die Brust der Mutter keine Nahrung mehr her? Und am Bildrand sehen wir viele Menschen aneinander gepresst und ineinander verschlungen, nackte Leiber.

So malt Marc Chagall die schlimmen Erfahrungen seines jüdischen Volkes in Auschwitz mit hinein in sein Bild von der Sintflut.

Noah selbst steht am geöffneten Fenster. Er schickt die Taube als Botin hinaus. Ist da noch Leben möglich?

Wir nehmen unweigerlich teil in dieser Perspektive am Erleben, an den Ängsten, an der Hoffnung auf Rettung. So verschränken sich die Erfahrungen des Noah mit unseren eigenen Erfahrungen in unserer Zeit, in unseren Verstrickungen mit dem Wunsch auf Hoffnung und Rettung.

Diese Gesellschaft, so empfinde ich es oft, lebt in einem Stimmungstief, besudelt durch oberflächliche Parolen mitzumachen beim Tanz auf dem Vulkan. Es gibt eine ungeheure Flut des Verderbens. Aids ist nur ein Stichwort dafür. Und es gibt nicht wenige, gerade junge Menschen, die sich schon als Opfer der Zukunft sehen. Es herrscht viel Hoffnungslosigkeit.

Ich bin der Meinung, angesichts von so viel drohender Zerstörung und Selbstzerstörung können wir uns so viel Hoffnungslosigkeit nicht mehr leisten. Also reden wir uns und anderen die Hoffnungslosigkeit aus? Nein, das wird nicht gehen. Wir wollen keine unverbesserlichen Optimisten sein. Davon haben wir schon genug. Wir wollen endlich handeln, auch wenn man uns für bekloppt hält

wie damals den Noah, als er auf seiner Schafsweide die Arche zurechtzimmerte und alle ihn für bekloppt und verrückt hielten.

Wie wir handeln können? Ich denke, ganz einfach und doch schwer, aber ein Ansatz. Wir bauen uns keine Arche, nein, wir bauen uns in unserer Vorstellung Segelschiffe. Und dann lassen wir uns treiben vom Geist Gottes, der in unsere Segel bläst. Der aus der Stille kommt, dem wir uns öffnen, dem wir uns hingeben. Wie ein Segelschiff sich dem Wind hingibt. Ich bete, ich erfahre Stille, von innen heraus beginnt etwas Neues, eine Bewegung. Meine Segel sind gespannt. Ich lerne zu fahren. Es ist manchmal schwer, ich weiß, aber ich bin unterwegs mit meinem Segelschiff auf dem Meer, hin zu den Ufern Gottes und zu den Ufern der anderen Menschen. Zu den Ufern der Kreaturen und zu den Ufern der zerschundenen Welt.

Keine Arche ist nötig, sondern Segelschiffe voller Liebe.
Amen.

4. Lied

»Der Himmel geht über allen auf« (aus: EG)

5. Glaubensbekenntnis

6. Lied

»Kommt, wir teilen das Brot am Tisch des Herrn« (aus: EG)

V. Abendmahl

1. Einleitung

Beim Abendmahl ist die wichtigste Erfahrung, dass niemand besser ist als der andere.

Wir machen die Erfahrung des Teilens.

Hier teilen wir Brot und Wein bzw. Brot und Traubensaft, und wir werden uns beim Friedensgruß die Hände reichen. Damit führen wir fort, was Christus begonnen hat, nämlich: dass Liebe Hass überwindet, Friede den Streit beendet, inmitten einer Menschheit, die gespalten und zerrissen ist.

Wir setzen ein Zeichen, jetzt und hier, ein Zeichen für Gemeinschaft, in der geteilt wird, und wir danken damit Gott und preisen ihn:

2. Lied

»Heilig, heilig, heilig« (aus: EG)

3. Gebet

Komm, wahres Licht,
komm, ewiges Leben,
komm, verborgenes Geheimnis,
komm, du Schatz ohne Namen,
komm, Wirklichkeit jenseits aller Worte,
komm, du Wesen, das über allem Verstehen ist.

Komm, Unsichtbarer, den niemand berühren,
niemand erfassen kann,
komm, der du immer der Gleiche bleibst
und dich doch in jedem Augenblick verwandeln kannst.

Du wendest dich uns zu in der Hölle
und bist doch höher als der Himmel.
Dein Name soll unsere Herzen füllen mit Verlangen
und auf unseren Lippen sein.
Und doch können wir nicht sagen oder wissen,
wer du bist, was dein Wesen ist.

Komm, Einsamer zu den Einsamen,
komm, denn du selbst bist das Verlangen in mir,
komm, mein Atem und mein Leben,
komm, meine Freude,
komm, Heiliger Geist, und fülle uns.

Jesus nahm am Abend vor seinem Tod im Kreis seiner Freunde ein Stück Brot,
sprach darüber das Dankgebet,
brach das Brot, teilte es aus an seine Freunde und sagte:
Nehmt und esst alle davon:
das ist mein Leib,
der für euch hingegeben wird.
Das bin ich, Brot des Lebens für euch.

Am Ende des Mahls nahm er auch den Kelch mit Wein,
sprach darüber das Dankgebet,
reichte den Kelch an seine Freunde und sagte:
Nehmt und trinkt alle daraus:

das ist der Kelch des neuen und ewigen Bundes,
mein Blut, das für euch vergossen wird zur Vergebung der Sünden.
Das bin ich, Wein der Freude für euch.
Tut dies, damit ihr euch an mich erinnert.

Darum verkünden wir den Tod unseres Bruders Jesus von Nazareth und freuen uns, dass seine Liebe, sein Geist, stärker sind als der Tod;
wir preisen ihn als den Lebendigen,
der Menschen in aller Welt auferstehen lässt.
Darum gehen wir in der Kraft dieser Speise und dieses Trankes zusammen mit allen, die im Namen Jesu auferstehen gegen die Mächte des Todes,
den Weg des Lebens,
den Weg unseres Gottes,
der für uns ist und mit uns lebt. Heute und immer.
Amen.

4. Vaterunser

Begleitet durch ein getragenes Lied des Chores

5. Lied

»Wo Menschen sich vergessen« (aus: Mein Liederbuch, tvd-Verlag, Düsseldorf 1992)

6. Friedensgruß

Das Abendmahl ist eine Mahlzeit der Gemeinschaft und der Versöhnung untereinander. Und das soll auch ganz konkret sein.

Gemeinschaft kann man dadurch zum Ausdruck bringen, dass man sich die Hand reicht oder sich in die Arme nimmt. Das nennen wir den Friedensgruß.

Deshalb reicht eurem Nachbarn zur Linken und zur Rechten, nach vorne und nach hinten, die Hand;
steht auf, geht aufeinander zu, zu wem ihr wollt,
wenn euch das wichtig ist, und sagt: »Friede sei mit dir!«
Denn der Frieden unter uns soll mit Händen zu greifen sein.

7. Musik beim Friedensgruß

8. Zur Austeilung

Nimm hin das Brot des Lebens!
Nimm hin den Kelch der Freude!

9. Nach der Austeilung

Gestärkt vom Brot des Lebens,
gestärkt vom Wein der Freude,
gestärkt durch die Gemeinschaft des Teilens,
gestärkt durch die Gemeinschaft mit Jesus Christus,
lasst uns leben!

10. Lied

»Ich lobe meinen Gott von ganzem Herzen« (aus: EG) als Übergang zum Segen

VI. Segen und Sendung

1. Segen

2. Ansagen und Sendung

Bevor wir die Kirche wieder verlassen, habe ich noch ein paar Ansagen.

Nach diesem Gottesdienst lade ich euch alle ein, mit in das Gemeindehaus zu kommen, wo wir Getränke und Kekse vorbereitet haben. Dort können wir den Gottesdienst ausklingen lassen. Vielleicht gibt es auch Fragen oder Sachen, die ihr einfach loswerden wollt. Im Gemeindehaus liegen auch Listen aus, in die ihr euch eintragen könnt, wenn ihr Lust habt, das nächste Mal im Chor mitzusingen oder den Gottesdienst mit zu gestalten. Ich hoffe, dass sich möglichst viele eintragen, denn je mehr Leute mitmachen, desto weniger muss jeder Einzelne tun.

Wir werden jetzt mit dem Kreuz wieder aus der Kirche ausziehen. Und so, wie wir dieses Kreuz aus der Kirche in die Welt tragen, so sind wir alle dazu aufgefordert, das, was wir heute Abend empfunden und gehört haben, mitzunehmen in unseren Alltag, mit nach Hause, in die Familien, in die Schule und zur Arbeit. Denn in dem deutschen Wort »Messe« steckt der lateinische Ausdruck für

Gesendet-Sein. Wir alle sollen Sendboten sein, von dem, was wir heute Abend empfangen haben. Kommen Sie gut nach Hause oder mit rüber ins Gemeindezentrum.

3. Lied

»Bewahre uns Gott« (aus: EG)

4. Auszug

der Mitarbeiter mit dem Taizékreuz und den Kerzen

(Dieter Kindler und Team)

Zum Konzept – aus dem Blatt für die Gottesdienst-Besucher

Als Jesus auferstanden war, war Thomas der Jünger, dem es am schwersten fiel, diese Tatsache zu glauben. Darum nennt man Thomas wohl immer noch den »Zweifler«. Als Jesus und er sich trafen, sagte der auferstandene Herr zu ihm, sicherlich mit mehr Freundlichkeit als Tadel: »Sei nicht ungläubig, sondern gläubig!«

Nach diesem Jünger heißt dieser Gottesdienst »Thomasmesse«. Es ist ein Gottesdienst, wo jeder mit seinen Zweifeln und mit seiner Skepsis willkommen ist. Unser schwacher Glaube wird das nicht verhindern, was im Gottesdienst geschieht. Das Geheimnis liegt darin, dass Jesus da ist. Und er hat immer Liebe für Zweifler und Sünder gehabt.

»Kommt also, ihr alle, zur Freude unseres Herrn, genießt dieses Fest des Glaubens.« (Johannes Chrysostomos)

1. Beginn

Das Einziehen mit einem Kreuz ist ein Abbild des Weges, der das ganze Leben eines Menschen umspannt, auch dein Leben. Es ist der Weg aus der Welt in den Himmel. Die Thomasmesse funktioniert als eine Art Grenzübergangsstelle, wo sich die zwei Wirklichkeiten treffen: die Zeit und die Zeitlosigkeit, das Diesseits und das Jenseits. Ein Gottesdienst nimmt immer Platz an der Grenze der Zeit. Außer uns, die wir hier in der Kirche sichtbar sind, nimmt auch das ganze unsichtbare Volk Gottes an diesem Gottesdienst teil.

2. Sündenbekenntnis

Vielleicht fühlst du dich ein wenig ängstlich, deinem Gott zu begegnen. In der Gegenwart von Gott hat man das Gefühl, man sei so klein und Gott so fürchterlich groß. Darum gibt es dieses Sündenbekenntnis. Wir werden unsere Herzen in der Stille offen vor Gott stellen. Es ist ein wesentlicher Teil des Gottesdienstes, denn auf diese Weise bereitet sich der Mensch vor, Gott zu treffen, der heilig ist. »Bekennt einander eure Sünden!« (Jakobus 5,16)

3. Fürbitten

Unser Herr ist gegenwärtig. Wir wissen, dass er da ist. In seinem Schoß können wir während dieser Gebetsstunde alle unsere Sorgen und Ängste verlassen. Du kannst eine schwierige Zeit in deinem Leben haben, viel schwieriger, als es die Leute um dich herum wissen. In der Stadt gibt es Platz für viel Sorge und Angst, Arbeitslosigkeit, Probleme mit Beziehungen, Krankheiten und Einsamkeit.

Du kannst leise in deiner Bank beten oder Gebetslieder mitsingen. Du kannst zu einem Seitenaltar gehen und eine Kerze anzünden oder deine Gebetsanliegen auf einen kleinen Zettel schreiben. Die Zettel werden zuletzt gesammelt, und dafür wird man während der Wochentage in den kleinen Gebetsgruppen der Thomasmesse beten. Wenn du eine besondere Last hast oder dich erschöpft oder abgelehnt fühlst, dann komm zum Hauptaltar oder in die Sakristei, wo die Mitarbeiter mit dir beten. Wenn du möchtest, werden sie dich auch mit Öl salben.

Die Fürbittenzeit ist wie ein Netz, das verschiedene Lasten der Menschen sammelt und eine Gelegenheit anbietet, kurz und einfach für die menschliche Angst zu beten. In der Gebetsstunde gibt es viel Stille und viel Bewegung.

Vielleicht denkst du, dass du gar nicht beten kannst. Aber es ist eigentlich nicht so schwer, wenn du es versuchst.

4. Verkündigung

Hoffentlich wirst du dich nicht so fühlen, als sei die Liturgie nur irgendeine Zeremonie, die die Pfarrer und andere »Eingeweihte« für dich ausführen. Der Ursprung der Liturgie ist Zwiegespräch. Das ganze Leben eines Menschen ist im Grunde eine Antwort auf die Anrede Gottes.

In der Thomasmesse hat man die Bedeutung der Bibel betonen wollen. Ganz besonders die Evangelien, die meist Abschnitte von Jesu eigenen Worten und Taten sind. Darum ist das Lesen des Evangeliums von einer Halleluja-Hymne umgeben.

5. Friedensgruß und Abendmahl

In der Urkirche war man noch freier. Da hat man den Friedensgruß laut Paulus so angewandt: »Grüßt euch untereinander mit dem heiligen Kuss!« (Römer 16,16)

Das Abendmahl ist eine Mahlzeit der Gemeinschaft. Deshalb ist der Friedensgruß ein wesentlicher Teil vom Fest des Glaubens. Wir gehen aufeinander zu.

Wann warst du zum letzten Mal am Abendmahlstisch? Es kann lange her sein. Beim Abendmahl ist die wichtigste Erfahrung, dass niemand besser ist als der andere. Wir erfahren, dass in jedem von uns sowohl der Glaube als auch der Unglaube kämpft. Jesus liebt uns so, wie wir sind.

6. Segen und Sendung

Die Thomasmesse endet immer mit einer Sendung. Du und ich und alle anderen Teilnehmer werden hingesandt, wohin wir auch gehören: mitten in die Welt, nach Hause, in die Schulen, an die Arbeitsstellen, in unsere eigene Umwelt. Das Wort »Messe« in der westlichen Christenheit hat seine Herkunft gerade hier: »Ite missa est« – »Geht, ihr seid gesandt!«

Dies sind nur einige Hinweise für Interessierte. Bevor man selbst eine Thomasmesse vorbereitet, sollte man unbedingt zuerst an einer Thomasmesse teilnehmen und sie kennen lernen!

Für Kontakte

Die folgenden Kontaktadressen ermöglichen es, Interessenten, Gemeinden und Aktionsgruppen in der Nähe zu finden, die zum Austausch und zur Beratung bereit sind:

Gemeindekolleg der VELKD,
Berlinstraße 4-6,
29223 Celle
Tel. 0 51 41 - 5 30 14
Fax 0 51 41 - 5 30 16

Nordelbischer Gemeindedienst,
Pastor *Dr. Klaus Kasch,*
Ebertallee 7,
22607 Hamburg
Tel. 040 - 89 67 05

Pastor *Frank Puckelwald,*
Löwenstraße 60,
20251 Hamburg
Tel. 040 - 48 21 22

Pastor *Dieter Kindler,*
Fuhlentwiete 21,
21423 Winsen
Tel. 0 41 71 - 4787

Pfarrer *Jörg Gunsenheimer,*
Pfarramt St. Lorenz,
Lorenzplatz 10,
90402 Nürnberg
Tel. 09 11 - 20 92 87

Pastor *Reinhard Fiola,*
Knochenhauerstraße 42,
30159 Hannover
Tel. 0511 - 32 69 21

Pastor i.R. *Dr. Burkard Krug,*
Linggplatz 20,
36251 Bad Hersfeld
Tel. 0 66 21 - 5 11 63

Pastor *Ingo Reimann,*
Barckhausenstraße 51,
21335 Lüneburg
Tel. 0 41 31 - 4 34 61

Pastor *Henner Flügger,*
Osterdeich 87,
28205 Bremen
Tel. 0421 - 4 91 96 99

Reinhild Zachert
Scheffelhof 1,
38440 Wolfsburg
Tel. 0 53 61 - 1 63 93

Pfarrer *Tilman Haberer,*
Pfarramt St. Lukas,
Thierschstraße 28,
80538 München
Tel. 089 - 29 96 42

Weiterführende Informationen sind beim Gemeindekolleg, Celle (Adresse s.o.), erhältlich:

- Video »Thomasmesse in der Agricolakirche zu Helsinki«
- »Die Thomasmesse, oder: Wie ein Gottesdienst die Kirche verändern kann«, von Klaus Kasch, Nordelbischer Gemeindedienst, Hamburg

Übersicht über die am meisten verwendeten Liederbücher

LL: Lebenslieder, Mundorgel Verlag Köln/Waldbröl und Schriftenniederlage des Evang. Jugendwerks in Württemberg, Stuttgart 1991

Iwdd: Ich will dir danken, Hänssler-Verlag Neuhausen-Stuttgart/ Bundes-Verlag Witten 1991

GdW: Geh den Weg nicht allein. Lieder aus der Stille - Lieder für unterwegs, Continental Sound, Rotterdam (deutsche Auslieferung: Asaph, Lüdenscheid)

Fib: Fontäne in blau, Schriftenniederlage des Evang. Jugendwerks in Württemberg, Stuttgart, 2. Auflage 1994

EG: Evangelisches Gesangbuch

Ims: Gerhard Schöne, Ich muss singen. Liederbuch, 3. Auflage 1997, Buschfunk-Musikverlag

Clemens Bittlinger, Mensch, sing mit! Songbook, Pila Music 1994

DbH: Du bist Herr. Anbetungslieder, Projektion J, Wiesbaden, 9. Aufl. 1996

DbH 2: Du bist Herr. Anbetungslieder, Band 2, Projektion J, Wiesbaden/Neuhausen 1991

DbH 3: Du bist der Herr. Liederbuch, Band 3, Projektion); Wiesbaden 1995

Literatur

Zur Grundlage

Hans Dieter Bastian: Kommunikation - wie christlicher Glaube funktioniert, Stuttgart/Berlin 1972

Ludwig Burgdörfer: Die Weltsprache Gottes, Waltrop 1995

Christian Grethlein: Abriss der Liturgik. Ein Studienbuch zur Gottesdienstgestaltung, Gütersloh 1989

Albrecht Grözinger: Die Sprache des Menschen, München 1991

Manfred Josuttis: Der Weg in das Leben. Eine Einführung in den Gottesdienst auf verhaltenswissenschaftlicher Grundlage, München 1991

Ernst Lange: Chancen des Alltags. Überlegungen zur Funktion des christlichen Gottesdienstes in der Gegenwart, München 1984

Christoph von Lowtzow: Mit lieblosen Gottesdiensten Gottes Liebe feiern?, Stuttgart 1990

Kai S. Scheunemann: Kirche für Distanzierte, Wiesbaden/Wuppertal 1995

Paul Watzlawik u.a.: Menschliche Kommunikation, Formen, Störungen, Paradoxien, Stuttgart/Wien 1971

Manuela Liechti-Genge: Die Guttat zu ölen. Von der Wiederentdeckung der Salbung als Segenshandlung in evangelisch-reformierten Gottesdiensten, Kindhausen/Schweiz 1996

K. Douglass/K. Scheunemann/F. Vogt: Ein Traum von Kirche. Wie ein Gottesdienst für Kirchendistanzierte eine Gemeinde verändert, Asslar 1998

Klaus Douglass: Gottes Liebe feiern. Aufbruch zum neuen Gottesdienst, Emmelsbüll 1998

Fabian Vogt: So ein Theater. Eine Einführung in die Kunst, bewegend(e) Geschichten zu erzählen, Wiesbaden 1997

Für die Praxis

Joachim Feige/Renate Spennhoff (Hrsg.): Ja zu jedem Tag, Neukirchen-Vluyn

Joachim Feige/Renate Spennhoff (Hrsg.): Wege entdecken, Neukirchen-Vluyn

Willi Hoffsümmer (Hrsg.): Kurzgeschichten. Bände 1-5, Matthias-Grünewald-Verlag, Mainz

Hanns-Dieter Hüsch: Das Schwere leicht gesagt, Düsseldorf 1992

Wolfhart Koeppen/Renate Spennhoff/Waldemar Wolf (Hrsg.): Einblicke - Ausblicke, Neukirchen-Vluyn

Wolfhart Koeppen/Renate Spennhoff/Waldemar Wolf (Hrsg.): Spuren des Lebens, Neukirchen-Vluyn

Herbert Ulonska: Das Glück der Hoffenden, Rheinbach 1994
Margret Wanner: Treffend gesagt, Gießen/Basel 1989
Waldemar Wolf/Renate Spennhoff (Hrsg.): Miteinander hoffen, Neukirchen-Vluyn
Jörg Zink: Womit wir leben können, Stuttgart 1988
Jörg Zink: Wie wir beten können, Stuttgart 1970
Willow Creek-Theater. Drama, Sketche, Kabarett für kreative Gottesdienste, Wiesbaden 1996
M. Beutel/C. Heinze/K. Ellwanger: Gottesdienste kreativ gestalten (2 Bände), Wuppertal und Kassel 1996/1997
Axel Kühner: Überlebensgeschichten für jeden Tag, 7. Auflage, Neukirchen-Vluyn 1996
Peter Spangenberg: Höre meine Stimme. Alle Psalmen der Bibel übertragen in die Sprache unserer Zeit, Hamburg 1995

Die beteiligten Gemeinden

Interessierte sind herzlich eingeladen, Gottesdienste der Gemeinden kennen zu lernen, die Material für dieses Buch zur Verfügung gestellt haben:

Evangelische Kirchengemeinde Köln-Stammheim, Pfr. Gerold Vorländer (S. 13-51)

Evangelische Andreasgemeinde Niederhöchstadt bei Frankfurt/M., Pfr. Dr. Klaus Douglass, Pfr. Fabian Vogt, Kai Scheunemann (S. 52-67)

Stiftskirchengemeinde, Evangelische Kirche der Pfalz, Landau, Dekan Dr. Ludwig Burgdörfer (S. 68-118)

Evangelisch-Freikirchliche Philippusgemeinde, Lilienthal bei Bremen, Pastor Jens Stangenberg (S. 119-142)

Gemeinschaft in der Landeskirche, München, Möhlstraße, Siegfried Winkler (S. 143-153)

Oase, Evangelische Kirche in Württemberg, Giengen bei Ulm (S. 154-177)

Christus Gemeinde, Christliche Gemeinschaft, Mülheim/Ruhr, Pastor Ekkehart Vetter (S. 178-191)

St. Marien, Evangelisch-lutherische Landeskirche Hannovers, Winsen an der Luhe, Pfr. Dieter Kindler (S. 192-218)

Ideen für weitere Themen

Durst nach Leben
Reif für die Insel
Freundschaft, die bleibt
Leben, das Spaß macht
Ehe in der Zerreißprobe - halten wir uns noch aus?
Kein Sex in der Ehe
Liebe zwischen Lust und Frust
Himmlisch schön - oder höllisch heiß?
Hautnah - Gott zum Anfassen
Blick hinter die Maske
Signale der Freiheit
Es gibt ein Leben vor dem Tod
Urlaub - die schönste Jahreszeit
Vater werden ist nicht schwer . . .
Wie Beziehungen heil werden
Wenn der andere anders wäre
Neue Männer braucht das Land
Hauptsache: gesund?
Ich steh' zu mir
Und wo bleibt mein Image?
Ziel gewusst - zielbewusst!
Arbeiten, um zu leben - leben, um zu arbeiten
Apokalypse now?
Neu anfangen können
Wie kann Familie funktionieren?
Gesundheit um jeden Preis?
Wie sinnvoll ist das Leben?
Gemeinsam sind wir stark
Glücklich sein trotz unerfüllter Wünsche
Alles hat seine Zeit
Lebensträume
Made in heaven
Kein blasser Schimmer - Advent
Kirche ohne Mauern
Eiszeit der Gefühle
In dir steckt mehr, als du denkst

Ich wollte schon immer mal mit Gott reden
Rückgrat gewinnen
Liebe einer anderen Art
Wer bist du, wenn keiner zuschaut?
Tote sterben nicht
Streiten lernen - Regeln für eine Offene Kommunikation